JN410117

적당히 쓸쓸한

전명주

교음사

괜찮다는 말 …

불행하진 않지만 딱히 행복하지도 않은 적당히 쓸쓸하단 말.

아침엔 겨울이었다, 한낮엔 여름이었다

느닷없이 꽃이 피고 별안간 눈이 날리는 변덕스런 봄이라도 좋다는 말.

죄다 거짓말.

▸ 차례

1

당신이 기억한다면

내가 참 예뻤을 때

대학로에서 연극 한 편을 보고 돌아오는 길이었다. 버스에 올라타는 사람들을 무심코 바라보다 무척 낯익은 얼굴을 발견했다. '어 누구더라, 누구였지? 분명히 아는 사람인데…' 중학교 시절 가정 선생님이셨다. 다행히도 금방 생각이 났다. 선생님의 트레이드마크였던 웨이브 있는 단발머리도, 안경도 그대로였다. 세월의 흔적이 살짝 보이긴 해도 선생님은 기억 속의 모습과 거의 같았다.

좀 떨어진 자리에서도 선생님의 친구분이 이쪽

동네로 선생님을 초대했다는 이야기가 얼핏 들렸다. 반가운 마음에 얼른 인사를 하고 싶었는데 맘처럼 선생님 앞에 나서기가 망설여졌다. 갑자기 떠올린 선생님 성함이 정확한 것인지도 잘 모르겠고 혹시나 나를 기억하지 못하시면 어쩌나 싶기도 했다. 게다가 친구분과 오랜만에 만나셨는지 끊임없이 이야기를 주고받으시는 통에 그 대화를 끊고 중간에 나서기도 참 애매했다. 망설이는 사이 버스는 금세 집 앞 정류장에 와버렸고, 나는 쭈뼛거리다 결국 그냥 버스에서 내렸다. 인사를 못한 것이 마음에 걸려서인지 차에서 내리는 나를 선생님이 쳐다보신 것 같기도 했다.

중학생 시절의 나는 부모님 말씀 잘 듣고 조용히 학교 다니는, 공부도 그럭저럭 따라가서 무늬는 제법 모범생인 아이였다. 그때 생각으론 그렇게 사는 것이 뭔가 인생을 비겁하게 사는 것 같이 여겨지기도 했다. 『데미안』을 처음 읽고는 세상의 지혜를 엿보기라도 한 것처럼 심각해져서는 내 또래들하고는 뭔가 이야기할 수준이 안된다고 우쭐해하며 친구들을 까닭 없이 한심해하기도 했다. 인생에 대해 진지한 성찰을 해야 할 것 같고, 죽음과 삶에 대해 고뇌해야 할 마당에 하다못해 가출쯤이라도 해야 깨닫는 게 있는 건 아닐까 싶었다. 한동안 가출을 위한 그럴듯한 핑계를 찾아보려 했으나 안타깝게도 그만한 사건이 없었는지라 가출은 시도도 하지 못하고 말았다.

지금 생각하면 한심한 건 나였고, 웃음만 나는 중2병이었다. 심각하고 진지한 척은 했지만, 그래 봐야 친구들과 몰려다니며 떡볶이를 먹고, 시험이 끝나면 학교 앞 레코드 가게에서 무한궤도와 015B의 음반을 사곤 했다. 밤이면 누가 시키지 않아도 라디오 '별밤'을 들으며 숙제를 하고, 어쩌다 방송을 놓치면 다음 날 아침 대화에 끼지 못했다. 매점에 새로 나온 햄버거에 대한 자세한 후기, 장국영이냐 주윤발이냐를 놓고 매번 우열을 가리는 일이나 학생주임 선생님들은 왜 어느 학교나 비슷한 외모와 같은 성향으로 학생들을 괴롭히는지 등 모여서 하는 얘기의 주제는 10분에도 20번씩 바뀐다. 돌아보면 잘한 일도 없는데 흐뭇해지는 시절이었다.

남녀공학 합반이었던 우리 학교는 가정과 기술시간엔 두 반씩 합해 수업을 했다. 남학생들은 모여 기술을, 여학생들은 가정을 배웠다.(그때는 지금처럼 남녀 모두가 가정과 기술을 동시에 배우지 않았다.) 귀찮기는 해도 가끔씩 교실을 옮겨 옆반 친구와 같이 수업하는 게 신나는 일이기도 했고, 운이 좋으면 관심 있는 남학생의 자리를 구경하는 의외의 재미도 있었다. 밥을 짓는 방법이나 빨래의 원리, 뜨개질이나 옷 만들기의 이론 수업은 좀 지겨워도, 사진을 보며 복식사에 대해 배우거나 간단한 요리를 직접 해서 먹는 날이면 꽤 즐거운 시간을 보낼 수 있었다.

그 시간마다 오늘 만났던 선생님이 우리를 가르치셨다. 무엇을 질문해도 괜찮았던, 무엇이 답이어도 좋았던 그때, 지금보다 훨씬 빠른 심장으로 하루를 보냈을 그때에 선생님은 거기에 계셨다. 어른이 되고 싶었던 나를, 지금보다는 예뻤을 나를 가득 담고 계셨던 분이었는데, 그만 놓쳐버렸다.

버스를 내려 길을 건너는 동안 알 수 없는 감정들이 어깨부터 발밑으로 흘러 내려왔다. 비가 오는 것도 아닌데, 그립고 아쉬운 무엇이 온몸을 적시기 시작했다. 낙엽 지는 가을도 아닌데, 마음 한구석이 쓸쓸하고 아렸다. 나의 푸르른 시간에 여전히 머물러 있는 사람을 놓쳐버린 게 못내 아쉬워서 버스가 지난 자리만 물끄러미 쳐다봤다.

5호선 5124호

지하철에 앉아 멍하니 열차 안의 사람들을 둘러본다. 내 옆에 앉은 사람은 수험생인지 고개 한 번 들지 않고 수학문제를 풀고 있다. 맞은 편의 4살쯤 돼 보이는 다문화가정의 아이는 졸고 있는 엄마를 기어이 깨워 자신을 돌보게 한다. 대부분 자거나 휴대폰을 들여다보는데 출입문 옆 긴 손잡이에 기대어 시사잡지를 보는 이도 있다. 내가 좋아하던 잡지가 상황이 좋지 않아 당분간 발행되지 않을 거라는 기사가 생각나 잠시 아쉬운 맘이 들었다. 분홍빛으로 장식된 임산부석에 당당하게 자리한 남자를 티 안 나게 노려보다 아무것도 보이지 않는 깜깜한 창문으로 눈을 돌린다.

이 자리에 있는 이들은 어떤 시간을 지니고 지금 여기에 있는 걸까. 자신이 살아낸 시간만큼의 과거와 그보다 훨씬 긴 미래를 가지고 있겠지. 어떤 후회와 꿈으로 시간을 보내고 있는 걸까. 이 열차만 해도 꽤 많을 저들의 사연은 감히 짐작할 수 없는 저마다의 전쟁을 치른 것이겠지.

우리는 정말 과거를 '살아왔고', 언젠가 미래를 '살' 존재일까. 때로 우리는 과거를 끄집어내 지금 여기서 살려낸다. 미래를 기대하며 지금 여기서 미리 기뻐하기도 한다. 추억으로 지금을 위로받고 희망으로 지금을 견딘다. 별 볼일 없는 현재는 언제나 과거와 미래를 붙들고 살고 있다. 우리는 영원히 현재만을 살아간다.

그러니 곱지 않은 것들은 내 이야기로 엮어내지 말자. 지금 행복해야 하니까. 그렇다고 너무 안도하지는 말자. 불행은 생각보다 다채로우니. 돌아가거나 떠나고 싶어 하지 말고 그냥 제자리에서 살아내자. 모자라거나 넘치던 과거는 미래가 복원해 줄 테니.

우리는 과거를 떠난 지금을 살 수 없고 미래는 과거도 바꿀 힘이 있으니, 애당초 우리에게 미룰 내일이나 망해버린 과거 따위는 없을지도 모른다. 여전히 완성되지 못한 유서를 사는 오늘, 묵은 기억보다 빛나는 순간이 가치 있을지도 모른다. 행복은 돌아간다고 기다린다고 오지는 않는 것 같다.

구원은 어쩔 수 없이 지금, 여기에만 있다. 수험생의 문제집에, 아이의 보채는 소리에, 핸드폰 속에, 책 속에, 어쩌면 방심한 양심에도. 멀쩡히 살아 있는데도 살고 싶다는 맘이 차오른다. 지하철 5호선 5124호에선.

적당히 쓸쓸한 (환절기·1)

'당신이 그냥 잘 지냈으면 좋겠어요. 내 생각에 속상해하지 말고 쓸데없는 걱정 같은 건 하지 말고. 괜히 슬퍼서 일도 제대로 못하고, 제발 그러지 않았으면 좋겠어요. 난 괜찮으니까.'라고 썼다가는 볼펜으로 벅벅 그어 버린다.

'아니, 사실은 당신이 잘 못 지냈으면 좋겠어요. 매일매일이 슬퍼서 못 견뎌 했으면 좋겠어요. 온통 내 생각에 하루 종일 채여 넘어져 약간은 다쳐도 좋겠어요. 잠도 못 자고 밥도 못 먹고 힘들었으면, 그랬으면 좋겠어요.'라고 썼다가 아예 종이를 구겨 쓰레기통에 던져 버리곤 했다. 언젠가 그랬었다.

오랜만에 친구에게서 전화가 왔다.

"잘 지내지?"

"그럼, 잘 지내지."

"다 괜찮고?"

"그럼 안 괜찮을 게 뭐 있나?"

"너무 오래 못 봤네. 요즘은 밖에 나가는 것도 신경 쓰여서. 좀 나아지면 한번 봐."

"웅 곧 봐. 안녕."

그녀는 괜찮냐고 물었고 나는 괜찮다고 했다. 괜찮다는 말, 성의도 없고 재미도 없는 데다 멋도 없고 간신히 예의만 차리는 말. 슬프지는 않지만 그렇다고 기쁘지도 않은 애매하게 서럽다는 말. 불행하진 않지만 딱히 행복하지도 않은 적당히 쓸쓸하단 말. 아침엔 겨울이었다, 한낮엔 여름이었다 느닷없이 꽃이 피고 별안간 눈이 날리는 변덕스런 봄이라도 좋다는 말. 죄다 거짓말.

어쩌다, 한 사람쯤은 내가 괜찮지 않기를 바라면 좋겠다. 혹시나 누구라도 한 명쯤은 내가 내내 슬프기를 바랐으면. 내가 힘들고 잠을 설치며 괜찮지 않기를 바라 줄 이가 있다면. 그러니까 정말 아주 만약에 그런 사람이 있다면. 둘이나 셋도 아니고 딱 한 사람만. 도무지 알 수 없는 누구라도.

시린 기대에 겨울이 무너진다. 허무한 소망에 개나리가 돋는다. 이렇게도 얄궂은 봄이 또 온다. 바람이 운다.

외투 하나만큼만

거의 3개월 만의 일이다. 누군가를 밖에서 만난다는 게. 그새 따뜻해진 날씨에 벌써 반팔 티에 재킷 하나만 걸치고도 나갈 수 있게 되었다. 옷차림도 가볍고 모처럼의 외출에 기분도 좋다. 100일 동안 마늘과 쑥만 먹다가 동굴을 나온 곰의 기분이 이랬을까. 아마 제대로 변신하지 못했다 해도 껑충껑충 뛰며 신이 났을 것 같다.

엄마와 약속 장소로 가던 중 노숙자로 보이는 사람 하나가 겹겹이 옷을 껴입고 지나가는 게 보였다.

"엄마, 저 사람들은 왜 항상 저렇게 옷을 잔뜩 껴입고 다닐까? 이 날씨에"

"그거야 마음이 추우니까."

그 짧은 대답이 나의 마음을 툭 건드렸다. 마치 그게 정답이기라도 한 양, 사연도 모를 그 사람에게 괜히 미안한 마음이 들었다. 도대체 얼마나 마음이 춥길래 저렇게 껴입었을까. 무엇이 저 사람을 저렇게도 춥게 만들었을까.

그러다 한편으로 정말 그럴 수 있다면 어떨까 하는 생각이 들었다. 마음이 추운 날 한껏 껴입는 만큼 마음이 따뜻해진다면. 친구도 필요 없고, 술도 필요 없고, 상담사나 정신과전문의도 필요 없이 그저 옷장에서 옷 하나만 더 꺼내입는 것으로 꽁꽁 언 마음이 녹을 수 있다면. 그러다 거리가 온통 잔뜩 껴입은 옷으로 뒤뚱거리는 사람들로 넘쳐나는 건 아닐까. 슬픈 만큼 조금 우습다는 생각도 끼어들었다.

마음 어느 한켠에 서늘함을 품지 않고 살아가는 사람이 있으랴. 두 겹 세 겹 껴입은 것을 신호 삼아 그들에게 한 번 더 웃어주고 따뜻한 한마디 건네준다면 조금은 나아질까. 어느 날 두껍게 겹쳐 입은 상대의 모습을 보고 웃음이 터져 '너도 사실은 추웠구나' 하거나, 같이 붙들고 울면서 '나도 그랬어' 하면 좀 나아질까. 그렇게라도 입고 있던 옷을 하나씩 벗을 수 있다면 좋겠다.

거센 바람이 아니라 내리쬐는 태양이 나그네의 코트를 벗게 한 것처럼 그저 누군가의 외투 한 장을 받아 들어 줄 수 있을 만큼의 내가 된다면 좋겠다. 그렇게 하나 하나 입었던 외투들을 벗고 마침내 티셔츠 한 장 만으로 이 좋은 날씨를 즐길 수 있다면. 모두가 조금 더 가벼운 옷차림으로 더 따뜻하게 살아갈 수 있다면 좋으련만.

문득 나에게 조용히 물어본다. 너는 누군가의 외투 하나쯤 받아줄 자신은 있는 거냐고. 자꾸 옷을 껴입지 않을 자신은 진짜 있는 거냐고.

당신의 여름이 익어갈 때

쫙 갈라진 수박의 속이 새빨갛게 잘도 익었다. 잘라서 반씩 포장을 해놓아도 꽤나 큰 수박이 먹음직스럽다. 조그맣고 동글동글한 자두는 당장 집어 들어 한 입 베어 물고 싶다. 형광색처럼 밝은 연둣빛의 청포도나 샛노란 참외도 지나가는 사람들을 유혹한다. 하얀 바탕에 수채물감 번지듯 예쁜 분홍색으로 물들어가는 복숭아도 탐스럽다. 여름은 모든 것이 익어가는 찬란한 계절이다.

모든 것이 싱싱하고 파릇한 것들로 가득한 이

여름에 나는 무엇을 익어가게 할 수 있을까. 설렘과 동경을 한껏 품고 어디로든 떠나고 싶은, 심장이 꿈틀대고 붉은 태양이 자유를 허락하는 계절. 마음껏 궤도를 벗어나 끝없이 질주해도 될 것 같은 시절의 특권. 하지만 나에게 이제 그런 여름은 없다.

갑작스런 소나기처럼 별안간 무슨 일이라도 생기길 바라던 시절은 갔다. 찌는 더위와 권태는 구별이 어렵다. 젊음이 이울어지는 여름은 몹시 힘들다. 가로수나 돌멩이처럼 나 하나쯤의 무게는 버티어 줄 것들을 붙들고 기대고 싶다. 산책하는 강아지나 길고양이처럼 입이 무거워 내 말이 날까 걱정 없는 녀석들에게라도 이야기를 하고 싶다. 나의 여름은 너무 낡아 약동하지 않는다. 그저 살아 있다는 숙제가 못마땅해 이제는 더운 계절에도 딴지를 걸어 본다.

사랑하는 이들을 앗아간 겨울과 봄 다음의 여름은 지루하다. 뜻 모를 예술영화처럼 막막한 여름 역시 누군가를 데려가 버린 건 마찬가지다. 죽음이 대수롭지 않다고 여겼던 날들엔 무엇이 희망이었을까. 무엇을 슬퍼했을까. 내가 꿈꾸는 일탈은 좀 더 나은 여름을 기다리는 일. 변하지 않을 것과 변할 수밖에 없는 것들에 대해 고민해 본다.

뜨거움은 점점 깊어져 체념만큼의 우물을 고이게 하니

어쩌면 여름은 가장 서늘한 계절. 잎이 울창할수록 숲은 캄캄해지니 차라리 여름은 가장 어두운 계절. 이제 와 내가 영글게 할 수 있는 것은 희망을 지닌 이름들. 낮고 깊은 곳에 남아 있는 이름들을 길어 올린다. 절망이 홍수처럼 떠밀려와도 여전히 남아 아침을 맞게 하는 이름들로 이 여름을 버틴다. 오늘이 첫날인 듯, 오늘이 마지막 날인 듯.

혹시 당신이 나처럼 서러운 계절을 지내고 있다면, 지금이라도 장마처럼 울어버리길, 잘 익은 수박의 속처럼 쨍한 빨간색으로 당신의 여름을 익혀가길. 바닥까지 토로하여 허한 마음에 휘청이면 잘 익은 수박 한쪽은 내가 같이 먹어주겠다. 조용히 당신을 들어주겠다. 오래 당신을 들어주겠다. 서늘하고 어두운 곳, 낮고 깊은 그곳에 가만히 있어 주겠다.

별별 쓸쓸

공연을 보고 돌아오는 길에 핸드폰 앱으로 택시를 불렀다. 건물에서 쏟아져 나오는 이들 앞에는 '예약'이라는 두 글자의 빨간 등을 켠 택시가 줄지어 기다리고 있었다. 나도 택시 번호를 확인하며 차를 기다렸다. 내가 탄 차가 출발하는 순간, 손을 들어 차를 잡는 할머니 한 분이 보였다. 괜히 미안한 맘이 들어 출발한 차에서 뒤돌아보니 젊은이들이 앱으로 부른 택시에 오르는 동안 그분은 내내 차를 기다리는 것 같았다.

인터넷으로 열차표를 구매하기 시작한 후에도

귀향 열차표를 구하려고 일찌감치 서울역에 모인 어르신들의 사진이 택시 안에서 계속 생각났다. 그분들이 역에 일찍 나가봐야 온라인상으로 표는 이미 동이 나 있었다.

빵집 유리문을 밀고 들어가며 뒤에 사람이 있나 흘낏 돌아봤다. 할아버지 한 분이 들어오시기에 문을 잠깐 잡고 있다 놓았다. 쌓아 놓은 큰 쟁반에 기름종이를 한 장 얹고 걸어놓은 집게를 빼 들고 보기 좋게 놓인 빵들 중 어느 것을 집을까 행복한 고민을 한다.

그런데 내가 진열대를 한 바퀴 반 도는 동안 뒤따라 들어오신 할아버지는 빵이 놓인 곳까지 오시지 못할 만큼 빨리 움직이지 못하셨다. 거동도 편치 않고 지팡이까지 짚으셨으니 쟁반에 집게를 쥐고 빵을 가져가시기 힘들 것 같았다. 도와드린다고 하는 게 행여나 실례가 될까 쌓인 쟁반의 맨 위에 기름종이와 집게를 슬쩍 얹어 놓고 다시 빵을 고른다. 역시나 할아버지께선 집게를 집어 올리고 빵을 고르는 것도 한참 시간이 걸린다.

이제 내 빵보다는 그분을 옆 눈으로 살피는데 온 신경이 가 있다. 힘이 드시는지 할아버지는 고른 빵을 계산대로 곧바로 가져가지 못하고 옆 테이블에 거의 떨어뜨리듯 쟁반을 내려놓으셨다. 나는 이번에는 그냥 성큼성큼 다가가서는

"어르신 계산하실 거죠? 제가 저기다 올려놔 드려도 될까요?" 하고 물었다. 고개를 끄덕하시기에 계산대 위에 그분의 쟁반과 내 것을 차례로 올려놓았다. 한편으론 천천히 알아서 하실 수 있는데 괜한 오지랖이었나 싶기도 했다.

공연을 보고 오던 날, 손을 들어 택시를 잡던 그녀의 젊은 시절을 그려 보았다. 누구보다 먼저 최신 음반을 사고 신간 서적을 읽으며 막 개봉한 영화를 달려가 보는 이는 아니었을까. 혹시 동네에서 제일 먼저 미니스커트를 입고 파마를 하던 사람은 아닐까 궁금했다. 빵집에서 만났던 그는 농구공을 튕기며 등교하고 친구들과 내기 삼아 언덕에서 뜀박질을 하던 학생이 아니었을까. 어쩌면 어느 축구부의 공격수거나 잘나가는 야구팀의 4번 타자쯤이진 않았는지 궁금했다.

간밤의 비는 붉다 못해 타오르던 예쁜 잎들을 바닥에 들러붙여 버렸다. 이 잎새들이 얼마나 높은 곳에서 햇빛을 쬐고 바람을 견뎌왔는지 궁금했다. 떨어져도 여전히 아름다웠다.

오늘 하루 궁금했던 것들은 모두 쓸쓸했다. 온통 쓸쓸한 맘 하소연할 때 없는 밤에 글로나 써보려다 너무 쓸쓸한 것들만 가득한 글이 될까 봐 그만둔다. 대신 서늘한 별이나 한다발 따다 창에다 기대 둔다. 별것 아니지만 그래도 없는 것보다는 나을 만큼만.

언젠가는 떠날 이 별에서 그들은 더 이상 울리지 않는 전화가 아쉽지 않다. 다만 얼굴의 주름만큼 시들지 않은 심장이 안타깝다. 젊음이 조금 멀리 있어서, 기억이 자꾸 흐려져서 쓸쓸하다. 이별이 조금 가까워서, 오래 기억하고 싶어서 쓸쓸하다.

당신이 기억한다면

누구에게나 경전처럼 읽고 또 읽어 새기는 책이 있다. 좋아하는 노래 한 곡을 몇 시간씩 반복해서 듣거나 인상적인 영화의 한 장면을 계속 돌려 보듯이 뻔히 아는 문장들을 다시 읽는 것이 지루하지 않은 그런 책이. 읽고 또 읽어도 감동이 가시지 않고, 밑줄 친 구절들은 언제 봐도 가슴이 뛰고 힘이 나게 하는 그런 책들이.

나에겐 막스 뮐러의 『독일인의 사랑』이 그중 하나다. 처음 이 책을 읽은 건 중학교 시절 '엄마가 읽으라고 해서'다. 엄마의 권유라니 일단 마뜩

잖은데 제목부터 벌써 재미없게 생겼다. 당최 '독일'과 '사랑'이 그다지 어울리는 것 같지도 않은 데다 두껍지도 않은 책이 얼마나 재미가 없는지 술술 읽히지도 않았다. 다행히 꾸역꾸역 억지로 읽어나간 이야기의 끝은 기대와 달랐다. 너무나 놀라운 반전을 지닌 책의 결말은 당시 어린 내 맘에 사랑이니 영원이니 하는 것들에 대해 동경을 품게 하기에 모자람이 없었다. 그 책을 읽고 설레던 맘을 늘 기억하기에 한 번씩 다시 읽을 때마다 오랜 친구를 만난 듯 즐거웠다.

얼마 전 새로운 번역판이 나왔길래 몇 년 만에 『독일인의 사랑』을 다시 읽기 시작했다. 그런데 지금까지 그렇게도 재미있게 읽어왔던 그 책이 전혀 다르게 읽혔다. 처음부터 시종일관 독일 신학과 철학에 대한 사유가 범람하고 주인공들의 사랑 이야기마저 기독교적 신앙을 투사하여 써 내려간 것 같다고 느껴졌다. 도대체 10대의 나는 무슨 생각을 하며 이 글들을 읽었는지 알 수가 없었다. 마지막으로 읽은 후로도 이미 꽤 시간이 흘렀고, 나이가 들면서 달라진 생각이 오히려 행간의 낭만을 지워버렸을 수도 있다. 그것이 잘못된 것은 분명 아닐 테지만 그래도 마음에 담아두었던 달콤한 기억이 사라져 버리니 여간 서글픈 게 아니다. 몇 년 전까지 지녔던 기억이 이렇게 철저히 나를 배신할 수가 있는

가. 기억이란 오히려 미화되기 마련이지 않던가.

기억은 늘 아름답게 왜곡되고 행복하게 채워지는 거라고 생각했다. 지나간 기억이란 늘 좋은 추억이 되는 거라고 믿었다. 하지만 때론 다른 의미가 되기도 하고 그냥 부서져 버리기도 하나 보다. 꽤 많은 기억을 쌓아왔기에 이제는 웃으며 슬픔을 말할 만큼 제법 어른이 되었다 생각했는데 고작 변심한 기억이 그렇게도 속상하다. 은밀히 꺼내놓을 서러운 사랑 얘기 하나 없는 나는 그럴 리 없다던 기억에도 차여버렸다. 나의 말랑한 사랑의 기억은 딱딱한 철학이 되고 건조한 기도가 되어 절절하게 묻기만 한다. 이제 기억조차 없는 가을은 바스락거리는 울음을 날린다. 추락인지 비상인지 알 수 없는 비행을 한다. 새로운 기억을 기다린다는 건 힘이 든다.

하나 기억이, 추억이 충분히 실망시켜도 결국 나를 위로할 수 있는 건 그 기억으로 행복했던 나뿐이기에 『독일인의 사랑』을 사랑했던 나를 기억해본다. 그러니 어디선가 가을이 아프다는 이를 만난다면 그의 기억을 물어주길 바란다. 같이 울어주길 바란다. 마음의 신음을 알아주고 안아주길 바란다. 기억하는 자신을 기억한다면 아주 몹쓸 기억은 아닐지도 모른다.

이제야 알게 된 이야기

올해도 벌써 세 번째 계절이 오고 있다. 옷장을 열어 여름옷은 개어 뒤쪽으로 밀어 넣고, 두툼한 니트며 코트들을 꺼내어 앞쪽으로 걸어둔다. 내친김에 냉장고도 싹싹 기분 좋게 청소하고 책장도 괜히 챙겨본다. 정리를 하다 공연 프로그램북을 모아둔 칸에 손이 간다. 그 책자들을 바라보고 있자면 자기만 아는 장소에 도토리를 잔뜩 쟁여둔 다람쥐처럼 흐뭇해진다. 자고로 청소할 때는 청소를 목표로 삼아야지 이렇게 하나씩 꺼내 추억을 소환하다간 그날 일이 못 끝날 게 뻔한데도 유난히 사진이 예뻤던 뮤지컬 「메디슨 카운티의 다리」 프로그램북을 다시 뒤적인다.

『메디슨 카운티의 다리』라는 책이 출간되어 세상이 한바탕 로버트 킨케이드와 프란체스카의 스캔들로 떠들썩했을 때 나는 대학교 1학년이었다. 그때는 그들의 이야기가 가슴 졸이며 읽은 것 치고는 결말이 어째 좀 싱겁다고 느껴졌다. 사랑하기에 떠난다니 도대체 그게 어느 시절의 결말이냔 말이다. 실화를 바탕으로 했다니 더더욱 안타깝다. 그렇게 좋다면서 왜 모든 것을 포기하고 서로를 택할 수 없었나. 이왕 사랑을 할 거라면 안나 카레니나처럼 모든 것을 버리고 끝까지 자신을 불태우든가, 아이다처럼 사랑하는 이와 기꺼이 돌무덤에 함께 묻혀 죽든가. 슬프더라도 뭔가 확실하게 끝맺음을 해줬으면 좀 덜 서운할 텐데.

시간이 지나 그 유명한 이야기는 영화가 되었고 멋지게 상상했던 사진작가 로버트는 화면에선 전혀 다른 모습으로 나타났다. 이제는 썩 멋져 보이지 않는 옛날 배우 클린트 이스트우드와 메릴 스트립이 그 싱거운 사랑 이야기를 스크린에서 재생했다. 이상한 것은 나이든 배우들의 모습을 보자니 이야기는 좀 덜 싱거워지고 슬픔은 깊어졌다. 재미있는 이야기는 두고두고 회자될 수밖에 없는지라 이들의 이야기는 뮤지컬로 만들어져 무대 위까지 오르게 되었다. 움직이는 배우들을 눈앞에서 직접 보니 감정이입이 잘 돼서일까 아니면 이제야 프란체스카를 이해할 만한 때가 된 것일까.

이제 메디슨 카운티의 다리는 세상 가장 아름답고 슬픈 사연이 되어 주책맞게 나를 울리는 사랑 이야기가 되었다. 맘 둘 곳 없이 세상을 떠돌던 사진작가 로버트는 이미 누군가의 아내인 줄 알면서도 프란체스카에게 자신의 맘을 고백한다. "애매함으로 둘러싸인 이 우주에서, 이런 확실한 감정은 한번 오는 거요. 몇 번을 다시 살더라도, 다시는 오지 않을 것이오." "내가 누군지 당신도 잘 알잖아요. 어떻게 떠나요…."

자신의 삶에 마지막이 될지도 모를 운명적인 사랑에도 프란체스카는 대단하지 않을 가족과의 일상 속에 힘겹게 남는다. 소리 내어 사랑을 떠들어대는 대신 그녀는 로버트를 평생 가슴속에 깊이 간직해 그들의 사랑을 지켜냈다. 찰나의 사랑 이야기 대신 서로에게 영원이 되기를 택했다. 덕분에 로버트는 죽는 날까지 그런 프란체스카를 기억하고 추억하며 기다리는, 어쩌면 힘들지만, 한편으론 설레는 삶을 살았을지도 모른다.

창밖을 보니 모든 계절이 한꺼번에 담겨 있는 것 같다.

여전히 여름인 양 파란 잎사귀를 날리고 있는 나무가 있는가 하면 노랗게 바랜 은행잎이 힘겹게 달려 있기도 하고 깜짝 놀랄 만큼 빨개져 버린 단풍이 있다. 스포츠 센터에서 반팔을 입고 나오는 이가 있는가 하면 아예 한겨울 코트를 입은 사람도 보인다. 어떤 여자는 하늘거리는 원피스 위에 가디건을 걸치고 걸어간다. 우리는 계절이 언제 어떻게 변하는지 정확히 알지 못한다. 내가 어떻게 나이를 먹어가는지 사실 알 수가 없다. 누군가가 내 마음속에 어떻게 들어와 있는지도 쉽게 헤아리지 못한다. 그저 미움이고 인연이고 다 시간이 흐른 뒤에야 깨닫게 되는 것 같다.

사랑쯤은 언제든 할 수 있다고 자신하며 대상도 없이 혼자서 들끓던 밤을 보내던 시절엔 알지 못했다. 주저하고 망설이는 계절의 설렘이라는 것이 얼마나 쓸쓸하고 슬픈 일인지. 함부로 사랑할 수 있었던 그때엔 알지 못했다. 무엇하나 쉽게 포기할 수 없는 시간이 얼마나 서럽고 추운 건지. 버리지도 못하고 옷장 깊숙이 넣어둔 붉은 악마 티셔츠처럼 한때는 치열했으나 지금은 시들해져 버린 것들이 아프다. 제법 많은 계절에 시달려본 나는 이제 무서운 것도 고만 없어졌다. 고맙다. 아프지 않았다면 보이지 않았을 것들에. 그래봤자 남의 이야기에 빠져 허우적대느라 책장 정리는 내

일에나 다시 해야 할 것 같다. 계절이 낭만을 부추기니 막연히 사무치는 건 내 탓이 아니다.

산타를 기다리며

그러니까 가장 슬픈 건 삶이 계속된다는 것이다. 만약 사랑하는 이가 세상에서 사라졌다면 아침에 태양이 떠올라서는 안 되는 것이다. 하려는 일이 실패했다면 달빛은 모습을 감춰야 한다. 눈물을 흘리면 시간은 나를 위해 멈춰야 하고 내가 웃을 때라야 꽃은 피어야 마땅할 일이다. 좀 그래 주면 좋으련만 불행히도 세상은 내 편이 아니다. 원하는 성탄 선물을 위해 기도하는 어린아이처럼 아무리 빌어봐야 산타는 그렇게 호락호락하지 않다. 그런 일은 일어나지 않는다.

어릴 적엔 성탄절 아침이면 머리맡에 항상 예쁜 포장지에 쌓인 선물이 있었다. 반짝이는 머리핀이나 상자 가득 담긴 달콤한 과자들은 초등학교도 입학하지 않은 나에겐 커다란 설렘이고 기다림이었다. 착한 일을 해서 산타 할아버지가 주신 선물이라는 말에 도대체 얼굴 한 번 본 적 없는 그 사람이 기억도 나지 않는 나의 착한 일을 어떻게 알 수 있을까 궁금했다.

하지만 그것보다는 계속 선물을 받아야 했기에 동생과 싸울 일도 그냥 넘기고, 울면 선물이 없을 수 있다기에 애써 눈물도 참았다. 괜히 지나가다 쓰레기가 보이면 치우기도 하고 어른들께 인사도 티내며 했다. 그러다 깨인 친구들이 산타의 실체를 누설한 이후로는 부모님께 값이 나가는 인형의 집이나 메이커 운동화를 은근슬쩍 요구하기도 했다. 한동안 산타는 용하게도 내가 원하는 것들을 오차 없이 배달해 주었다. 어느 순간 성탄절 아침 선물이 당연한 것이 되고, 산타에 대한 나의 철없는 욕망들이 더 이상 통하지 않는 나이가 되니 산타도 선물도 모두 사라지고 말았다.

이젠 더 없을 어느 겨울 아침의 설렘이 그리워지곤 한다. 누군가가 나를 위해 쏟았을 그 새벽의 정성이. 눈뜨면 맞았던 동화 같은 세상이. 원하던 것들을 바랄 수 있었던 그때

가. 꿈꾸는 것을 요구할 수 있는 자의 명단에서 탈락한 지금, 슬픔은 바이러스처럼 온몸에 퍼진다.

예수를 잊은 성탄은 여전히 우리를 유혹하려 때 이른 캐롤을 불러대고, 미련이 남은 나는 자본의 냄새를 풍기는 성탄트리에 대고 빌어본다. 시지프스의 돌이 굴러 내려오지 않기를, 언젠가는 고도가 오기를, 결국 곰스크행 기차를 탈 수 있기를.

희망을 질겅거리며 후회하는 날이 있다. 유령처럼 떠도는 산타라도 기다려야 견딜 수 있는 밤이 있다. 생일과 기일 사이의 어디쯤에서 질척이느라 닳아빠진 한 해를 잡지도 놓지도 못하고 있다. 이미 나는 너무 많이 울어버렸고 칭찬받을 일 같은 건 한 지 오래되었다는 것을 알기 때문이다. 그러니까 참 슬픈 건 삶이 계속된다는 것이다.

진눈깨비

터질 것 같은 폐의 숨을 고르며 계단을 오른다. 마지막 계단을 남겨놓고 벽에 붙은 광고는 대놓고 나를 비웃는다. '계단 오르기가 힘드셨습니까? ○○의학연구소로.' 유난히도 계단이 많은 지하철 역사에서 힘겹게 나오니 비가 내리고 있다. 잠시 동안 우산을 살까 말까를 생사라도 걸린 일처럼 심각하게 고민하다 그냥 말기로 한다. 눈, 비 맞아 본 게 어디 한두 번인가. 한두 번 맞아봐야 흠뻑 젖기밖에 더하나. 더해봤자 한 이틀 감기나 좀 앓다 말겠지. 소나기를 만날 때마다 사 모은 우산이 지금도 신장 가득이다. 갑작스런 비는 집에 우산이 아무리 많아 봐야 소용도 없는데.

미리 알 수도 있지만 모를 수도 있는 것. 알아도 대책이 없고 몰라도 운 좋게 피하기도 하는 것. 때론 일기예보를 듣고 준비한 우산을 빗속에서 여유롭게 펴는 것. 얕보았다 눈길에서 차가 멈춰버리는 것. 산다는 건 그런 것. 하늘이 눈을 내리고 비를 내리는 일 같은 것. 폭우를 맞으며 같이 뛰어갈 친구가 있다면 장대비도 상관없는 것. 멀쩡히 가져온 우산을 짝사랑하는 여학생에게 줘 버리고 추적추적 비를 맞아도 행복한 것. 발자국 하나 없는 눈밭을 밟기도 하는 것. 폭설 속에 함께 갇혀도 좋을 흠모하는 이가 있다는 것. 산다는 건 그런 일. 하늘이 내리는 건 슬퍼도 예쁘고 예뻐도 슬픈 일. 그러니까 산다는 건 그런 일들이 끝없이 내리는 것. 그러다 가끔 햇볕에 깨물려 놀라기도 하는 일. 구름이 모호한 마음을 덮어주기도 하는 일.

종종 하늘에 당한다. 기막히게 넘어가게도 하고 낭패를 보게도 한다. 매번 겪는 일에 당황하고 또 바보처럼 안도한다. 삶에는 쉽게 감당할 수 없는 일들이 존재한다. 가끔은 그저 견디는 것만이 답이다.

무턱대고 걷는 동안 비는 어느새 진눈깨비로 변한다. 계속 슬퍼할 수 없어서, 계속 울 수 없어서 마음을 굳혀 동그랗게 바닥에 내려앉는다. 비도 눈도 아닌 것이, 눈만큼 예쁘진 않아도 비만큼 슬프지 않은 그것이 스르르 바닥에 녹아내린다. 세상에 잠시 흰점을 찍어놓고 이내 사라진다. 울음은 살짝 얼려 흐르지 않게, 일일이 슬퍼할 수도 없는 아픔 따위는 녹여버리고.

각오한 만큼 머리와 옷을 적신 채로 집에 도착한다. '그것 봐, 안 사길 잘했지. 그것 좀 맞는다고 어떻게 되겠냐고.' 비와 눈 사이를 지나는 동안 까닭 없이 세상이 만만해졌다. 고작 비닐우산 하나 값을 아낀 내가 기특하다.

2

나의 사랑하는 시간

노래가 있는 곳으로

'봄바람 휘날리며 흩날리는 벚꽃잎이 울려 퍼질 이 거리를 둘이 걸어요' 버스커 버스커의 노래 「벚꽃엔딩」이 들려온다. 봄이 왔다는 얘기다. 발매된 지 10년이 다 돼가는 노래인데도 봄이면 사람들은 그렇게도 이 노래를 틀어댄다. 봄처럼 들썩이게 하는 그 무엇이 이 노래엔 들어 있는 모양이다. 워낙 많이 들리니 저작권료도 적지 않을 터인지라 우스갯소리로 작곡자 장범준의 연금이라고들 말하곤 한다. 세상에서 가장 자주 연주되는 봄 노래는 비발디의 사계 중 「봄」이 아닐까 싶었는데 이쯤 되면 대한민국의 봄은 그보다는 「벚꽃엔딩」을 듣고 오는 게 아닌가 싶다.

신부님의 검열로 잘려나간 수많은 키스신이 화면을 가득 채우고 어른이 된 토토는 눈물을 흘리며 그 장면을 바라본다. 영화 「시네마 천국」의 엔딩을 장식하며 배경으로 흐르는 엔리오 모리꼬네의 음악은 적어도 이 시대의 문명인이라면 모를 리 없는 추억의 곡조다.

TV만 켰다 하면 각종 광고의 배경음악으로 나오는 BTS의 노래들은 멤버 7명의 이름과 얼굴을 제대로 구분 못하는 나도 이제는 한 소절쯤 따라 부를 수 있다. 어쩌다 노래하고 춤추는 무대를 보면 전 세계가 '방탄소년단'을 외칠 만도 하다 싶다. 세계 도처의 팬들은 그들의 공연을 보려고 밤새워 줄을 서며 티켓을 사고, BTS의 이름으로 기부를 하고 각종 의미 있는 캠페인을 벌인다. 얼마나 좋으면 그럴까. 음악의 힘은 생각보다 큰 것 같다.

매번 맞는 계절의 첫걸음도 음악이 곁들여지면 괜히 더 반갑다. 그 계절 속으로 성큼 들어가는 기분이다. 쉽게 잊힐 영화의 한 장면도 음악과 만나면 설탕을 뿌린 듯 한결 달콤해진다. 그 덕분에 우리는 삶의 한 조각을 더 기억하게 된다. 게다가 음악은 국경이나 인종, 언어도 뛰어넘어 공감

될 수 있으며 기꺼이 행동하는 힘으로 모이기까지 한다. 그러고 보니 음악은 그저 음악이 아닌 것 같다.

우리는 태어난 날을 노래로 축하하고, 사랑을 전할 때도 이따금씩은 말보다 아름다운 곡조를 택한다. 숱한 번민과 기쁨의 나날에도 음악은 요란스럽지 않게 우리 곁에 있어 주었다. 새벽을 가르며 뛰는 속도에 맞춰 부르는 군가는 피곤함을 떨치고 힘찬 하루를 다짐하는 소리다. 김연아의 목에 금메달이 걸리는 순간 들려오는 애국가는 더 이상 학생 시절 조회시간의 지루한 그것이 아니다. 어깨동무를 하고 함께 부르던 「아침이슬」, 빨간색 티를 입고 질러대던 「오 필승! 코리아」는 더 이상 단순한 대중가요가 아니다. 해외 교민들이 부르는 「아리랑」의 사연들, 억지로 고향을 떠나야 했던 짙은 피부의 사람들이 뉴올리언스에 모여 재즈를 연주하고, 아우슈비츠에 잡혀간 사람들이 죽음을 앞에 두고도 바이올린을 켜던 그 절절한 이유들을 음악은 다 알고 있다.

삶의 매 순간을 그렇게도 속속들이 지키고 있었으니 우리는 노래 한 곡으로 가슴이 출렁이고 벅차오르기도 하는 것이다. 지친 날 다독여 주던 깊은 이야기들을 잊지 않고 있으니 가끔은 라디오에서 나오는 음악을 끝까지 듣고 싶어 주차를 하고 차에서 내리지 못하기도 하는 것이다. 엄마의 자장가부터 입학과 졸업식의 노래, 결혼식장의 웨딩마치, 관 속에 누워 남은 이들의 상엿소리를 듣기까지 우리 생의 순간들을 흐르게도 멈추게도 하는 이유이다.

음악은 단순히 멜로디에 말을 붙인 예술이 아니다. 알지 못하는 사람 사이를 떠다니며 보이지 않는 끈으로 묶어주는 일이다. 사람을 사람이게 하고 존재를 존재이게 하는 시간의 일이다. 침묵의 절규 위로 흐르는 위로의 어루만짐이다. 우리를 살아가게 하는 힘, 삶의 의미를 지고 가는 일이다. 다행스럽게도 우리는 그런 음악으로 가득 찬 세상에 살고 있다.

그러니 별안간 이동욱처럼 생긴 저승사자가 나타나 함께 가자고 한다면 선뜻 따라나설 것 같기도 하지만, 시인이 읊어대는 노래 한 구절 더 듣고 싶으니 아직은 못가겠다 해야겠다. 그래도 당장 가자며 천국 갈래? 지옥 갈래? 묻는다면 노래가 있는 곳으로 데려가 달라고 하겠다.

커피나 한잔하죠

'자살을 할까 커피나 한잔할까?(Shall I kill myself or have a cup of coffee?)' 카뮈는 이렇게 말한 적이 있다고 한다. 죽음의 반대말을 커피로 둘 만큼 그 차 한 잔엔 삶을 지탱할 무엇이 가득 들어있는 걸까. 대체 커피가 뭐길래 그는 그렇게 말했을까. 죽을까 아니면 커피나 한잔하고 살아볼까.

초등학교 때는 커피를 마시는 엄마를 보면 그게 그렇게도 맛있어 보였다. 하도 맛있어 보이길래 나도 한 모금만 달라며 보채곤 했지만 카페인이 들었으니 안 된다고 매번 거절당했다. 그깟 커피 한잔을 못 줄까 싶어 뾰로통해 있다 엄마가 식탁에 잠깐 올려둔 커피를 몰래 마셔봤지만 기대와는 다르게 쓰기만 하고 맛도 없었다. 어린아이의 입맛에 설탕도 안 든 원두커피가 맛있을 리가 없다.

중학교에 가서는 그 달달한 맛에 이끌려 슈퍼에서 파는 캔커피를 한두 개씩 몰래 사 먹으며 어른 흉내를 내는 것이 좋았다. 그러다 고등학생이 되고부터는 밤늦게까지 공부하겠다는 핑계로 아예 커피를 대놓고 찾았다. 물론 큰 컵 가득 커피를 타서 마시고는 바로 숙면을 취한 적이 더 많지만, 심신이 피곤한 수험생에게 심정적으로는 도움이 된 게 분명하다. 대학에 들어가 '혹시나' 하고 나간 첫 미팅에선 그 어색한 분위기를 풀기 위해 커피만 홀짝거리다 '역시나' 하고 돌아왔다. 읽을 건 많고 시간은 늘 부족하던 대학원 시절엔 밥으로, 간식으로, 각성제로 커피를 밤낮없이 들이켰다. 당연히 위에 탈이나 한동안은 새벽 응급실의 단골손님이었다. 대학연구소에서 근무하는 동안, 학술재단에 제안서를 내기 전날엔 으레 밤을 새웠다. 한 번은 새벽 한 시쯤 '아, 드디어 다했다!' 하는 순간 100페이지가 넘는 자료가 순식간에 날아가 버렸다. 분명히 저장을 잘했는데 컴퓨터 문제였는지 피곤한 내가 뭘 잘못 만졌는지 알 길도 없고, 이걸 어쩌나 망연자실해서 잠깐 멍하니 앉아있었다. 그리고는 연구소 문 앞에 있던 자판기에서, 설치한 후 값이 한 번도 오르지 않은 100원짜리 커피를 뽑아 마셨다. 종이컵에 반쯤 담긴 커피를 응원 삼아 한숨도 자지 못하고 다음 날 9시까지 다시 자료를 만들어 냈다.

어느 겨울 대학 동기들과 올랐던 마니산 정상에선 낑낑대며 짊어지고 간 보온병을 자랑스럽게 꺼내 뽀얀 김을 내뿜는 커피를 나눠 마셨다. 외국 여행길에 선물을 전했던 후배에겐 답례로 꽤 비싼 커피를 얻어먹었다. 바리스타가 코앞에서 쉬지 않고 재잘대며 내려준 그 커피에는 엄청난 정보와 볼거리가 담겨 있었다. 갑자기 세상을 떠난 친구의 장례식에선 너무 울어대는 통에 얼굴 한 번 본 적 없는 친구의 친척이 내 앞에 커피 한 잔을 슬그머니 놓아주기도 했다.

나의 다양하고 다채로운 커피시음의 역사는 나의 희로애락과 그 궤를 같이 해왔다. 커피는 삶의 곳곳에서 쉼이 되고 위로가 되고 기쁨이 되어 주었다. 때로는 따뜻했고 때로는 시원했으며 때로는 달콤했다.

삶이 그렇듯 쓰고 시고 달게, 때마다 적절하게 커피는 우리를 달래준다. 얼음 잔을 가득 채운 시원한 커피는 사활이 걸린 거래를 성사시키고, 기분 좋은 향으로 수줍은 고백을 받아들이게도 한다. 따뜻한 커피 한 잔은 서먹한 사람들을 가깝게도 해주고, 친한 사람들을 더 다정히 불러 모으기도 한다. 절망과 고통뿐 아니라 기쁨과 환희도 눈물과 죽음도 기꺼이 삼키게 한다. 그런 기특하고 고마운 존재이기에 중세 기독교인들은 커피를 마시기 위해 커피에게 세례를 주고[1], 바하는 커피를 노래했으며[2], 발자크는 하루 50잔의 커피를 마다하지 않고 글을 써 내려갔을 것이다.[3]

아랍어로 커피(카훳 알분, Qahwat al-bunn)는 '콩으로 빚은 술'이란 뜻을 지녔다고 한다. 그래서일까. 커피는 사랑에 취하고 열정에 취하고 삶에 취하게 하는 듯하다. 만병통치약처럼 신통하니 적어도 인생엔 커피 한 잔으로 해결되지 않을 문제는 거의 없을 것 같다. 물론 '거의'라는데 함정이 있

---

1) 커피가 처음 유럽에 들어왔을 당시 로마의 사제들은 교황에게 커피 금지령을 내릴 것을 부탁했다. 이슬람교도에게 포도주를 금하게 하는 대신 보상으로 주어진 음료이니 기독교인이 마시면 사탄에게 영혼을 잃는 일이 생길 수 있다고 주장한 것이다. 그러나 커피를 맛본 교황 클레멘트 8세는 그 맛과 향에 반해 커피에게 세례를 베풀어 기독교인들이 자유롭게 마실 수 있게 했다.

2) 바하의 커피 칸타타. J.S. Bach, Cantata BWV 211. Cantata Schweigt, plaudert nicht. 일명 Coffee Cantata. 이 곡은 바하 자신이 자주 가던 커피하우스에서 연주할 목적으로 작곡했다. 아버지가 아무리 말려도 '커피는 어쩜 이렇게 맛있을까'라며 딸은 계속 커피를 마신다는 내용의 유쾌한 곡이다.

3) 작가 오노래 드 발자크(Honore de Balzac)는 오전 9시 30분부터 오후 4시까지 50잔의 블랙커피를 마시며 글을 썼다고 한다.

긴 하지만.

세상을 사는 것만으로도 이미 충분히 힘들다. 뜨거운 커피 속에 아픈 것들은 녹여 버리자. 잠시 쉬어가자. 딱 그만큼의 희망이면 된다. 커피나 한잔하자.

일기 (환절기·2)

별이 반짝여도 미지근한 밤이다. 얼마나 초라했는가 적어본다. 그래도 오늘은 어제만큼 나쁘지는 않다는 안도를 내일에게 주려고. 얼마나 설렜나 적어본다. 그렇게 좋은 기억도 있다는 걸 내일에게 주고 싶어서. 내가 쓴 것들에 만족하며 그러려니 하고 살라고. '오늘은 꽤 뜨거웠어'라고 적어 내려갈 어느 밤이 올 때까지. 별의 반짝임은 소망일까, 눈물일까 궁금해하며.

내내 더워 죽겠는 여름이거나 하루도 봐주지 않고 차갑게 몰아치는 겨울이 차라리 좋다. 한결

같고 정직한 것이. 여름인 양 땅을 데웠다, 기분 좋게 선선한 바람을 불어대다 느닷없이 눈을 쏟아버리는 봄의 기만이 나는 싫다. 계절이 바뀌는 것이 무 자르듯 정확할 수야 없겠지만 하루에도 네 계절을 오가는 듯 변덕스런 봄은 영 못마땅하다. 들려오는 새의 지저귐이 노래인지 울음인지 쉬이 알 수 없는 것처럼 도대체 봄은 어떤 것이라 써야 할지 모르겠다.

여름이 온다고 이런 봄을 지울 수 없고, 봄이라고 다가온 여름을 마다할 수 없으니, 봄은 여름의 전생일까. 퍽이나 어설픈 봄이었기에 여름은 그토록 열렬한가.

울음이 노래가 되려면 새는 얼마나 울어야 할까. 소망하던 이의 꿈이 되기까지 별은 얼마나 많은 밤을 반짝였을까. 그에겐 선물일까 업보일까. 누군가의 전생일 나는. 새만큼 울지 않았으니 나는 여전히 노래할 수 없고, 그만큼 반짝이지 않았으니 나는 아직 별이 아니다. 부디 날 수 없어도 달콤한 노래 한 곡쯤은 부를 수 있기를, 빛나지 않아도 좋으니 한 사람쯤에겐 어둠은 아니길. 미지근한 나를 전생 삼을 이는 조금 더 뜨겁게 달아오르길 기도 삼아 쓰고 써본다.

어쩌면 봄도 그저 봄이려고 서툰 모습을 보일 수밖에 없는 것인지도 모른다. 그러니 고작 내가 쓴 것들에나 위로받으며 다 그러려니 해 버리자. 잘 살았다 치자. '그 밤은 참 싱거웠어' 하고 피식 웃는 날이 올 때까지.

봄날을 탓하느라 여름이 마주보고 있는 줄도 몰랐다. 봄처럼 밉고 가여운 나를 바라봐 줄 여름이 숨죽이며 곁에 와 있는 줄을 까맣게 몰랐다. 그냥 그러려니 하던, 쓰고 쓴 봄밤이었다.

산책

"아름다움밖에는 아무것도 없구나."

"뭐? 없는 게 없는 데가 아니라?"

인왕산 무무대(無無臺) 앞에서 한 커플이 얘기 중이다. 여자가 적혀 있는 의미를 읽으니 남자가 다른 의견을 낸다. 자주 오가면서도 그런 생각은 해보지 못했는데 재미있다. 3개월 남짓 외출이라고는 집 앞 슈퍼가 거의 전부이다 보니 나 같은 집순이 종족도 외출이란 걸 좀 하고 싶은 마음이 들었다. 게다가 움직이지 않으니 기분이 아니라 정말로 몸무게도 늘어 불편한 게 느껴질 정도가 되었다. 가깝고, 비교적 안전할 것 같고 다이어트도 좀 되면 좋겠다 싶어 일주일에 2~3일 한적한 시간에 인왕산에 간다. 사직공원에서 오래 걸려봐야 30분쯤이면 무무대라는 전망대가 나온다. 남산도, 청와대도 보이고 황사 때문에 쉽지는 않지만 맑은 날이면 멀리 롯데월드타워도 또렷하게 보인다. 산에 오른다고 하기엔 좀 민망하지만 그래도 꽤 숲다운 것들을 경험하며 오르기 좋은 산책로다.

인왕산 둘레길을 걸으면 도심 한가운데 이렇게 건재한 숲이 있다는 것이 새삼 놀랍고 감사하다. 바로 저 밑은 그렇게도 바쁘고 시끄러운데 고작 몇 분 차이의 이곳은 완전히 다르게 느껴진다. 차도의 자동차 소리가 이어지긴 하지만 사이사이 제법 새소리도 들리고, 봄인가 했는데 벌써 눈이 시릴 만큼 푸른 잎들이 가득하다. 무엇보다 사람이 없는 순간 잠깐 마스크를 내리고 맡는 숲 내음은 정말 향긋하다.

가끔은 고민거리를 좀 해결하고 싶어 나섰다가 '아 힘들다.' 만 연신 반복하고 오기도 하고, 어떤 날은 생각 없이 나섰다가 유성처럼 반가운 생각들이 머릿속에 반짝이기도 한다. 얼마나 많은 이들이 이 길을 거쳐 갔을까. 얼마나 많은 생각들이 이 길 위에 뿌려졌을까. 걸으며 나무와 그 옆의 버섯과 잎새들, 꽃과 새들과 벌레들을 바라보고 있으면 말 그대로 '자연(自然)'인 그들 앞에 숙연해진다. 우리도 이렇게 어렵게 꽃을 피우는데 너도 열심히 살아야 되지 않겠냐고 하는 것 같다. 알아주지 않아도 이만큼 힘겹게 꿈틀대는데 너라고 그러면 되겠냐고 핀잔을 주는 것 같다. 숲이 주는 질책을 듣고 나면 희망 따위로 뭘 할 수 있겠냐는 생각이 수그러든다. 희망은 사치가 아닌 의무가 된다. 좋은 것들에 취하니 다이어트는 몰라도 기분은 한껏 좋아진다. 무무대엔 아름다움밖에 없는 게 아니라 이 모든 아름다움이 있으니 없는 게 없는 것이다. 그 남자의 말이 틀리지 않은 것 같다.

마음이 내키면 무무대를 지나 반대편 북촌 쪽으로 내려가거나 수성동 계곡 쪽으로라도 거쳐 가면 시간도 좀 길어지고 좋은 여정이 되겠지만, 오늘은 더위를 핑계 삼아 오른 길 그대로 가장 편하고 빠르게 내려간다. 앞으로는 계속 더울 것이니 아마도 새로운 경로를 탐색하기엔 시간이 좀 걸릴 것 같다. 한 시간 남짓 걸으니 목도 마르고 고작 그만큼 움직였다고 배도 출출하다. 내려오자마자 가장 가까운 커피집을 향한다. 그래, 건강한 돼지가 더 행복할 거야. "캐러멜 마키아토 차가운 거로요. 휘핑크림 많이 주세요." 입안 가득 달큰하고 차가운 것이 목을 지나 어떻게 위까지 가는지

다 알 것 같다. 아, 여름이 달다. 하늘은 미세먼지로 덮여 있고 땅은 바이러스에 담겨 있어도 마스크를 쓰고 또 걸어 본다.

나의 사랑하는 시간

그곳은 해독제이자 비타민이다. 편안하고 즐겁고 위로를 준다. 사랑하는 이들의 죽음이 날 힘들게 할 때도, 누구에게 털어놓기조차 힘든 고민들로 일주일 만에 몸무게가 7Kg이 빠지고 머리가 하얗게 세어 버렸을 때도 나는 그곳에 갔다. 그곳에선 지친 마음에 CPR을 실시하고 희망을 처방해준다. 나에게 극장은 놀이터고 병원이며 가장 좋은 휴식처다.

나는 관극을 좋아한다. 팝콘 우적대며 볼 수 있는 영화나 리모컨 하나로 채널이 돌아가는 TV

와는 다른 매력이 있다. 영화는 감독의 시선에 따라 움직이는 프레임을 볼 수밖에 없지만, 연극이나 뮤지컬의 경우엔 배우들, 연주자들, 무대 구석 작은 소품이나 천정의 조명, 극장의 규모와 자리에 따라선 무대 속까지도 슬쩍 들여다볼 수 있다. 내 맘대로 극의 안과 밖을 드나들며 상상의 나래를 펼치는 일이 제법 신난다.

극이 시작되고 객석에 불이 꺼지면 '자 이제 네 마음을 네 마음대로 일렁이게 해도 돼' 하고 허락받는 것 같다. 보통은 주인공의 시선으로 작품을 따라가지만, 때때로 무대 위 어느 순간이 나만의 사연과 마주할 때면 조용한 극장에서 혼자 웃음이 빵 터져 민망하기도 하고 도통 까닭을 알 수 없는 순간에 눈물을 흘리게도 된다. 내가 왜 슬펐고 왜 웃음을 터뜨렸나 곰곰이 생각해 보면 '아, 내가 그랬었구나' '내가 이런 면도 있네' 하고 깨닫게도 된다.

작품 안에선 다른 시대, 다른 직업, 다른 성과 나이, 다른 생각을 지닌 이들의 삶을 엿볼 수도 있다. 그들의 이야기를 듣다 보면 가끔은 누군가에 대해 도대체 '왜 저럴까'의 원망과 질타가 '도무지 저럴 수밖에 없었구나'라는 미안함과 이해로 바뀌기도 한다. 프랑스 철학자 폴 리쾨르(Paul Ricoeur)는 자기에서 자기로 가는 가장 짧은 길은 타인을 경유하는 것이라 했다는데, 아마 다그치지 않고 이런 삶의 이치를 고스란히 알려주는 친절함도 자꾸 극장을 찾게 되는 이유인 것 같다.

숨도 크게 쉬지 않고 집중하여 공연을 관람하고 있노라면 복잡한 문제 따윈 잊게 된다. 극 중 인물에 빠져 소리 내어 웃거나 원 없이 울기도 하면 속상하고 아팠던 마음이 좀 나아지는 것도 같다. 이 시간만큼은 적어도 살아내는 시간의 밀도가 높아지는 듯하다. 쉬지 않고 흘러내리는 내 시간을 가루 하나 날려버리지 않고 꾹꾹 눌러 담는 것 같아 아깝지가 않다.

무엇보다 무대를 바라보는 큰 즐거움은 그 순간이 지나면 다시는 볼 수 없는 것들을 경험한다는 데 있다. 그저 지나쳐 버릴 수도 있을 삶의 한때가 특별한 기억이 되고 공간은 의미 있는 장소가 된다. 포켓몬 트레이너가 힘겹게 발견한 포켓몬을 몬스터볼에 하나씩 넣는 것처럼 그 시간, 그 장소에서만 얻을 수 있는 즐거운 비밀을 차곡차곡 모아 쌓는 기분이다.

많은 사람들과 함께 있으나 오롯이 혼자서 즐길 수 있고, 어떻게 즐기든 탓하지 않는 데다 시간 한 번 어기는 법 없이 나타나 웃음도 눈물도 다 받아주니 이만한 친구가 없다.

이토록 기특하고 안온한 벗이기에 아마 오래 곁에 두고 찾을 것 같다.

어느 저녁엔가 날 위한 공연 티켓을 끊고 행복을 예약한다. 수많은 이들을 만나는 그곳, 결국 나를 찾아 돌아오는 곳으로. 객석에 앉는 그 시간, 나의 가장 사랑하는 시간을 맞으려.

0과 1 사이

주저 없이 결정하고 정확하게 결론짓는 것과 느리고 신중하게 여지를 남겨두는 것, 어느 것이 더 나은 삶의 방식일까. 어느 것이 더 좋고 나쁘다는 기준이라는 게 애당초 있기는 한 걸까?

'똑같은 책인데 왜 더 싸지? 아, 이건 e-book이구나.' 도서 검색대에서 잠깐 망설이다 결국 이천 원 더 비싼 종이책을 산다. 번잡한 지하철을 타고 출근할 때도, 기차를 타고 강의를 가는 길에도, 여행을 위해 꾸린 짐이 아무리 크고 무거워도 늘 묵직한 종이책을 고집했다. 각종 IT도구들을 이용하면 더 많이 더 가볍게 들고 다닐 수 있고 가격까지 더 저렴한 이점에도 불구하고 나는 종이책이 좋다. 또 재생종이로 만들어진 책들은 e-book만큼은 아니지만, 종이책의 단점인 나무 소비에 대한 걱정을 좀 줄여줄 뿐 아니라 다른 재미까지 더해준다. 회색과 갈색이 묘하게 섞여 있는 재생지는 형광등처럼 환한 흰색보다 눈의 피로도 적고 비교적 가벼우며 보기에도 멋스럽다. 약간은 까끌거리는 요철감이 책을 읽는 재미를 더한다. 무게를 가늠하고 책장을 스치는 손의 느낌을 즐기는 나로서는 보이고 잡히는 실체를 포기하기가 쉽지 않다.

실체에 대한 애정은 비단 종이책만은 아니다. 글을 완성해야 하는 단계에서는 어쩔 수 없이 컴퓨터를 사용하지만, 글을 구상하고 개요를 정리하는 일은 늘 종이에 연필을 사용한다. 스프링 달린 노트에 연필의 사각거리는 소리를 들으며 반은 낙서, 반은 문장을 끄적거리다 보면 글이야 되든 말든 그저 신나는 놀이가 된다. CD와 핸드폰 외에도 여전히 LP판으로도 음악을 듣는 이유는 짐작하는 대로 바늘이 레코드판을 건드려 음악이 나오기까지, 또는 음악의 사이사이에 끼어드는 깨끗하지 못한 잡음을 즐기기 위해서다. 재생지의 껄끄러움처럼 매끈하지 못한 소리가 들려주는 묘한 매력이 있다. 물론 처음 CD플레이어가 나왔을 때는 좋아하는 노래를 반복해서 듣기 위해 카세트테이프의 다시 감기 시간을 견디지 않아도 되는 것이라든가, 곡이 끝나면 바늘을 다시 원래의 자리로 갖다 놓지 않아도 되는 혁명적 사건에 얼마나 반색했는지 모른다. 그러나 느리고 촌스러운 취향은 역시 오래된 것들로의 회귀를 반복했다.

디지털카메라가 나오기 시작하여 사람들이 그 편리성과 새로운 기능에 열광하기 시작했을 때에는 청개구리처럼 수동카메라의 묘미에 빠져 한동안 사진 좀 찍는다는 친구와 그 무리들을 열심히 따라다닌 적도 있었다. 초보자에게 적당하다는 조언에 따라 서울역 근처 중고 카메라점에서 'Pentax-Me'였던가 이젠 기억도 잘 나지 않는 기종의 카메라를 구입했다. 주말마다 인사동에서 시작해서 정독도서관까지, 경복궁에서 광화문을 지나 성곡 미술관 앞까지 걸으며 사진을 찍었고 어떤 날은 대학로를 하루 종일 돌아다니다 동대문까지 걷기도 했다. 필름카메라를 인화하기 위해서는 충무로를 찾아야 했고, 특히나 흑백필름은 다룰 수 있는 곳이 드물었다. 힘들게 온종일 걷고 열심히 찍은 필름을 맡기고 두세 시간을 기다려 결과물을 받아보면 예상대로 언제나 기대 이하다. 괜히 실력도 안 되면서 남들 따라 사진에

보랏빛이 예쁘게 도는 Velvia필름이나 흑백필름을 비싸게 주고 사서는 형편없는 사진을 받아들고 집으로 오기 일쑤였지만 그래도 그 시간들은 흐뭇한 기억으로 남아 있다.

나에게 실체에 대한 관심은 물성(物性)의 소중함과 여유로움에 대한 동경이다. 게다가 돌다리를 두드려 보다가 아예 다리를 부실 지경에 이를 만큼 매사가 지나치게 심각하고, 인간이란 자고로 갈팡질팡하는 존재지 그렇게 무 자르듯 정확할 수가 없다고 믿는 나는 여러모로 소위 아날로그형 인간이지 싶다. 아니, 어쩌면 애초에 디지털의 선택지가 없게 생긴 옛 인류일지도 모르겠다.

연속적으로 변화하는 값을 일정한 간격으로 끊어 불연속적인 양을 표현하는 것을 디지털(digital)이라 한다. 예를 들어, 디지털 시계는 정확하게 숫자로 시, 분, 초가 표시된다. 디지털은 0과 1만을 이용해 정보를 처리하므로 중간값이 존재하지 않고, 있음과 없음을 on과 off로 정확하게 끊어낸다. 간결하게 표시되고 명확히 읽히니 편집, 가공, 저장에 용이하다. 반면 아날로그(analogue)는 연속되는 값으로 표현되는 정보를 말한다. 아날로그 시계로는 바늘이 7시 5분과 6분 사이에 애매하게 걸려 있는 것을 볼 수 있다. 그 사이의 차이를 알 수는 있으나 보는 이에 따라 약간의 착오가

생겨 정확성이 떨어질 수 있다. 삶의 속도가 느린 나로서는 야박하지 않게 여유와 사이를 주는 후자에 더 편안함을 느낄 수밖에 없다.

책의 무게와 촉감을 느끼고 오래된 책의 냄새를 맡고, 종이를 긁어대는 연필심의 소리를 좋아하고, 수고스럽게 레코드판을 턴테이블에 올리고, 필름 카메라로 사진을 찍고 인화되는 시간을 기다리는 건 좀 더 원시적인 만큼 즐길 거리가 풍성한 삶처럼 여겨진다. 그곳엔 상상력이 끼어들 여지가 있다. 7시 5분과 6분 사이의 미세한 틈새, 9와 3/4층 승강장에 있다는 호그와트 마법학교, 불분명하게 던져지는 아기들의 언어, 표현하기 어려운 석양의 빛깔, 흘수선에서 찰랑거리는 바닷물의 냄새, 만져지지 않는 그리움의 끝. 모호하기에 아름다운 것들.

주저함이란 고백을 위한 준비라는 걸, 망설임이란 결단을 위한 마지막 채비라는 걸, 기다림이란 사랑의 증거이고 머뭇거림이란 선택을 위한 숙고라는 걸 동의해 줄 누군가가 있길 바란다. 맘껏 느끼고 즐기고 싶다. 오래 걸리고 완전하지 않아 보이는 것들, 유예되고 질척이는 부정확한 것들. 0과 1 사이의 그 황홀한 것들. 번거로움과 비싼 가격을 치러서라도 고집하고 싶은, 쉽게 되팔지 않을 나의 낭만들을.

깨어 있는 밤을 위하여

나는 매일 꿈을 꾼다. 그것도 총천연색 컬러 꿈이다. 많은 사람이 매일 꾼 꿈을 기억하지 못하고 꿈을 흑백으로도 꾼다는 사실을 알았을 때 그것이 신기하기도 놀랍기도 했다. 모두가 나처럼 알록달록한 밤을 맞아 잘 자는 줄 알았다. 차멀미가 심한 편이지만 사실 차를 타면 금세 잠들기 때문에 멀미로 고생할 일도 거의 없다. 비행기에선 몇 번이나 와서 묻는 스튜어디스의 친절함이 무색하게 기내식 대신 잠을 택한 적도 꽤 있다. 지금껏 나는 잠을 못 자서 고생해 본 일이 거의 없는 것 같다. 아주 어렸을 적에도 화가 나거나 속상한 일이 있으면 방문을 닫고 들어가 혼자 잠을 잤다고 한다.(이건 지금도 마찬가지다.) 어디선가 본 바에 의하면 일단의 전문가들은 기분이 나쁜 채로 잠이 드는 것은 건강에 치명적이니 가능한 화를 풀고 잠자리에 들라는 지침을 내리기도 하고, 또 어떤 의사들은 잠이 우리의 부정적이고 나쁜 기억을 없애고 오히려 치유해주는 시간이 된다고 얘기하기도 한다. 아마도 어린 시절부터 후자 집단의 의견에 동의하고 있었을까. 나는 그야말로 머리만 닿으면 잠이 자동 재생되고 잠으로 큰 위로를 받는 사람이다.

지난밤엔 어쩐 일인지 퍼붓는 빗소리에 잠이 깼다. 보통 때 같으면 금세 다시 잠을 청했을 텐데 괜히 덤으로 얻은 시간 같아 아까운 생각에 커피까지 한잔 내려서 책상에 앉았다. 한참을 멍하니 앉아 있다 생각해 보니 나에게도 오래도록 잠들지 못한 밤들이 있었다.

난생처음으로 집을 떠나 캠핑을 했던 걸스카우트 소녀의 서러웠던 텐트의 밤. 알지도 못하는 남학생에게 초콜릿을 받아들고 설레던 밤이라든가 기차를 타고 첫 MT를 갔던 알코올에 절인 대성리의 밤. 프로젝트 마감일 전 새벽까지 일하던 연구소의 피곤한 밤. 첫 강의를 앞두고 설레고 긴장

되던 밤들이.

관광객임을 인증하는 이층버스에 앉아 맨해튼과 브루클린을 오가던 뉴욕의 밤. 유난히 일찍 해가 졌던 몰디브의 밤과 저녁 10시가 다 되어서야 해가 지던 미시간 북쪽의 밤. 조명이 화려했던 상해의 밤과 폭설로 움직일 수 없었던 동경의 밤 같은 것들이.

한 줄의 글로 가슴이 뛰고 아름다운 노래 한 소절에 눈물짓던 밤이나 그저 빛나는 별빛만으로도 어쩔 줄 모르던 나의 밤들이. 나의 시간을 마구 집어삼키고 출렁이게 한 것들로 잠들지 못하던 밤들이 새삼스럽고도 분명하게 떠오른다.

한참이 지났는데도 비는 그칠 줄 모르고 기억은 충분히 쏟아져 내린다. 잠도 꿈도 모조리 쓸어버릴 것 같이 내리는 비를 따라 한 번쯤 다시 잠 못 드는 밤이 나에게 와준다면 제아무리 잠이 좋아도 기꺼이 맞을 수도 있겠다.

나의 잠은 어쩌면 밤조차 아쉬웠던 날들과 습관처럼 포기해 버린 날들 사이에 머물렀던 것 같다. 온전히 전하지 못한 것들과 여전히 서성이는 미련 사이의 어디쯤에 누워 있는 것 같다. 나의 밤들은 달게 잘 잔 한숨이었을까, 슬퍼서 자버린 날들의 잠이었을까.

밤 같은 사람

새로운 아침이 벅차기보다는 아무 일 없이 맞는 무사한 노을이 더 좋은 사람이 되었다. 어쩌다 그리되었다. 왜인지는 잊었다.

푸르던 하늘에 분홍색 줄이 듬성듬성 보이기 시작한다. 잠시 후엔 주홍빛 물감을 흩뿌린 듯 얼룩을 만들다 이제는 깊은 보라로 변해간다. 색은 점점 짙어지고 섞여 완전한 검정이 된다. 이내 평온한 밤.

나에게 밤은 어둡고 두렵고 막막한 고통이 아니다. 밤은 소임을 다한 자가 정당히 얻는 보상이다. '솟구쳐 오르라' 태양을 등 떠밀고 '희망을 가지라' 다그치는 아침보단 밤의 휴식이 너그럽다. 한낮의 빛에 쨍하게 모든 것을 내보이기보단 구별할 수 없는 어둠 속에 들려오는 비밀이 좋다. 낮과 달리 밤은 깨어 있는 시간만큼 내 목숨이 늘어나는 것 같다. 잠들지 못하는 밤은 어떤 모습으로든 꿈꾸게 한다.

다들 그랬다. 봄이 올 거라고, 따뜻해질 거라고. 정작 4월의 하늘은 눈을 뿌렸다. 그게 그렇게 서러워 펑펑 울었다. 밤에 기대서. 안 그래도 끈적이는 날에 미운 것들이 한가득 날벌레 떼처럼 들러붙어도 밤으로 도망치면 그만이었다. 내딛는 곳마다 부스럭거리는 상처들을 밟고 걸어도 아프지 않았다. 더 이상 아프지 않다는 것이 가장 큰 상처. 그래 봐야 까만 밤 속에 묻어버리면 상처 따윈 잊힌다. 찬바람결에 그리운 것들이 윙 날리면 밤은 마법처럼 그것들을 불러모아 내 앞에 데려온다. 눈뜨면 사라진다 해도 밤 속에서 바라보고 만지면 따뜻해졌다. 수없이 지났다. 그런 밤이.

밤은 무슨 연유로 나를 그리도 견뎌주는 것일까. 밤은 나를, 나는 밤을 얼마나 알고 있길래. 산다는 건 우리가 선택한 상처를 지고 가야 하기에 서럽다는 걸, 어쩌면 상처가 다 나쁘기만 한 건 아니라는 걸, 사는 동안엔 어쩔 수 없이 어쩔 수 없는 일이란 게 생긴다는 걸 말해주는 밤이 고마워 나이 든 아이는 서걱거리는 새벽부터 내내 밤이 오기만 기다린다. 밤, 그저 밤.

행여 이제쯤 나도 누군가의 밤이 되어 줄 수 있을까 생각하다 그냥 밤 같은 엄마가 있어 다행이다, 하곤 말아버린다. 밤 같은 사람이 곁에 있어 나는 기쁘고 슬프고 괜찮다. 오늘은 오래 밤을 들여다본다. 노을이 좋았던 건 밤이 가까워서였나 보다.

고독 예찬

남편은 일주일간의 출장을 위해 일찍 공항으로 떠났고 딸아이는 오늘따라 서둘러 등교를 한다. 오전 8시도 안 된 시간에 집에 홀로 남겨졌다. 야호! 세상이 내 것이 되었다.

딸아이가 세 살쯤 되었을 때 대전에 있는 대학에서 강의를 하게 되었다. 서울에 있는 학교야 전철 타고 잠깐 다녀오면 되니 친정엄마가 우리 집으로 와서 반나절 정도 아이를 봐주면 되었지만, 대전까지 가려니 쉽지가 않았다. 오전 9시부터 12시까지, 2시부터 5시까지 2번 수업을 하려면 새벽에 나가 늦은 저녁에야 돌아온다. 수업 전날이면 딸아이에게 필요한 짐을 한 보따리 싸서는 친정으로 가 하룻밤을 자고 새벽에 나가야 했다. 그때 신혼집은 부천이었고 아빠의 발령지는 인천이었다. 하필 살면서 가장 먼 거리에 서로가 위치한 때였다. 어쨌거나 긴 시간 아이를 마음놓고 맡기려면 다른 방도가 없는지라 아이와 함께 친정에서 하루를 보내고 다음 날 새벽 5시 반쯤 나와 용산역으로 간다. 용산역에서 일찌감치 대전행 기차를 타고 서대전역에 내려 버스나 택시를 타고 30분쯤 가면 학교에 도착한다.

오전 수업을 끝내고 교내식당에서 점심을 먹고 오후 수업을 한 후 서둘러 돌아와도 인천에 도착하면 빨라야 오후 9시다. 아이를 맡아준 부모님께도 미안한 맘이 들고 나도 정신없이 바쁘게 보내야 하는 날이지만 혼자서 보내는 그 하루가 사실 나에겐 로또 당첨만큼 신나는 시간이었다. 평소엔 아이와 온종일을 보내고 밤에는 제대로 자지 못하고 책을 보고 수업 준비를 한다. 그러다 할 일이 가득한 하루를 만나면 혼자 걷고, 혼자 먹고, 혼자 기차를 타며 누군가에게 내 이름을 불린다.

한번은 대전으로 가는 기차에서 함박눈이 펑펑 내리는 광경을 본 적이 있는데 그 장면을 맘껏 즐길 수 있는 그 순간에 혼자라는 것이 너무 좋아서 눈물이 날 뻔했다. 한참 된 일인데도 여전히 생생하게 떠오른다.

사실 일상에 지쳐 다른 하루를 보내고 싶다는 바람에서가 아니더라도 나는 유난히 혼자 있기를 좋아했는데 그런 성향은 나이가 들어도 바뀌지가 않는가 보다. 혼자 있는 소중한 시간을 어떻게든 낭비하고 싶지 않아 서둘러 집 정리를 하고 냉장고에 남아 있던 음식을 데워 먹는 것으로 혼자만의 만찬을 끝낸다.

아직 읽지 못한 『살아 있는 자를 수선하기』를 집어 들고 한껏 흥이 나서는 빵 맛이 일품인 길 건너 카페에 뛰다시피하여 도착한다. 입동이 코앞인 이 마당에 나는 굳이 커피와 빵을 들고 경치 좋은 옥상을 택한다. 직원은 날씨가 이렇게 추운데 괜찮겠냐고 몇 번이나 물어본다. 날씨가 이렇게 추워도 괜찮다. 혼자니까. 엘리베이터가 없는 건물인지라 4층 반 정도의 높이를 고스란히 걸어 올라가야 하는데도 기분이 좋으니 힘도 들지 않는다. 카페 옥상을 온통 전세 내고 앉으니 이제 완전히 나 혼자다. 읽고 싶던 책을 펼쳐놓고, 핸드폰에 저장해 놓은 음악도 틀어본다. 갓 내린 커피는 기쁨의 향을 공중으로 뿜어대고, 막 오븐에서 꺼낸 꼬마 머핀의 달콤함은 천국의 한 조각을 맛보는 듯하다. 혼자 있는 것이 이렇게까지 좋을 일인가.

혹자는 혼자라는 것이 슬프고 사람들의 무리에 섞여 있지 못해 안타까워하기도 한다. 하지만 내가 선택한 고립의 시간이라면 좀 다르지 않을까. 어차피 유한한 인간 자체가 불안하고 외로운 것이 당연한 일이라면, 누군가 옆에 있다고 해서 덜 외롭거나 많은 이들 속에 있다고 해서 더 행복한 건 아닐 수도 있다는 생각이 든다. 오히려 오롯이 홀로 깊어지는 시간을 양껏 보내고 나면 '지금 살아 있구나' 하고 느껴진다. 그리고 그때서야 다시 사람들 속으로 들어갈 용기도 힘도 생긴다.

시작하기엔 너무 늦었고 끝내기엔 너무 이른, 뜨거워지기엔 망설여지고 식어버리기엔 여전히 따끈한, 애매하고 지루한 시간 속에 여전히 나는 숨쉬고 있다. 갑자기 찾아온 선물 같은 시간에 내 이름 석 자를 혼자서 발음해 보는 일이 다행스럽고 고맙다. 어쩌면 쓸쓸함이나 외로움은 나에겐 가장 좋은 스승인 것 같다.

핸드폰에 저장된 실연 전문 가수 김동률, 이소라의 노래를 시작으로 좋아하는 뮤지컬 넘버들과 김광민 나윤선까지, 조스깽 데 프레와 팔레스트리나로부터 말러까지 2시간 남짓의 음악들이 연주를 마치면 나의 고독을 찬양하는 의식도 끝이 난다. 커피 냄새를 맡고, 빵을 우적대며 찬바람에 얼어맞기까지 하니 방전된 밧데리가 충전되듯 기운이 차오르는 것 같다. 힘겹게 봄을 맞이하는 풍경을 내려다본다. 겨우 5층 높이의 건물에 잠깐 머물다 가는 거면서 깊은 산중에서 오래도록 수양을 한 현자라도 된 양 뿌듯한 맘으로 계단을 내려오면 당분간 만나는 이들에게는 꽤 친절할 것만 같다.

좋은 날

밤새 내린 눈으로 세상이 하얗다. 베란다 창문에 코를 박고는 온통 밀가루를 뿌려놓은 듯한 동네 모습을 한참이나 내다본다. 눈을 밟아 보고 싶어 커피 한 잔을 사 오겠다는 핑계로 밖으로 나간다. 아파트 마당엔 아직 발자국이 하나도 없다. 인류의 희망을 등에 얹고 처음 달에 착륙한 우주인처럼 조심스럽게 뽀얀 땅을 디뎌 본다. 그런데 한 발 한 발 찬찬히 가도, 두 발을 모아 콩콩 뛰어봐도 지구의 중력은 내 무게가 밟는 곳마다 금세 시커먼 자국을 만들어 버린다. 희망의

밑바닥은 지저분하다. 서운한 마음에 그칠 줄 모르고 떨어지는 눈 한 조각을 잡아보려 하지만 손에 닿는 순간 녹아버린다. 나는 눈도 깜빡이지 않고 얼른 절망을 수긍한다. 믿었던 모든 것들도 눈으로 내린다면 좋겠다. 아름답게 흩날리다 녹아 사라지는 게 당연한 것이 되면 좀 덜 슬플 수도 있지 않을까.

날이 너무 추워 커피숍까지 뛰어간다. 눈까지 쌓여 있는 일요일 아침이니 9시 남짓한 시간에도 가게엔 손님이 없다. 직원들은 나를 위해 기다린 사람들처럼 빠르게 커피 한 잔을 내어준다. 커피 덕에 따끈한 온기가 손에 느껴지니 마스크 때문에 당장 마시지 못해도 마음이 느긋해져 괜히 건너편 동까지 걸어갔다, 건물 바깥으로 돌아 집으로 간다.

적게 내리는 비는 톡톡톡 지붕에서 노크 소리를 내고 장대비가 내릴 때면 지글지글 빈대떡 익는 소리 같은 것도 나는데 왜 눈은 소리가 없을까. 비가 올 땐 그 소리에 묻혀 엉엉 울어도 깔깔대며 웃어도 괜찮은데 눈은 조용하기만 하다. 뽀드득 뽀드득. 그러고 보니 눈은 내릴 때는 조용하다 발길이 닿으면 소리를 낸다. 하늘도 그리운 게 많아 눈으로 오나 보다. 한껏 물먹은 하얀 모래를 뽀드득 밟아대며 계속 이렇게 걷다 보면 이 길 끝엔 정말 바다가 있을 것도 같다.

꿈처럼 예쁜 풍경에 배시시 웃음을 흘린다. 조용히 웃는 것으로 눈에 대한 예의를 지켜본다.

돌아오는 길에 보니 내가 남긴 까만 발자국 위로 눈이 다시 쌓였다. 소리도 없는 눈이 얼마나 쏟아지는지 흰색 유화물감을 덧칠한 것처럼 티도 안 나게 깨끗하다. 어쩌면 내가 처음 밟았다고 생각한 곳도 이미 새벽에 누군가가 밟고 지나간 자리인지도 모르겠다.

소리 없이 어깨에 내려앉는 위로면, 딱 눈이 녹을 시간만큼만 누군가 바라봐 준다면 이 겨울은 족하다. 흰 눈이 세상을 안아주는 날은 슬프고 아픈 것들을 덮어두기 좋은 날이다.

3

너무 뜨겁지는 않게

너의 이름을 불러줄게

Petrichor. 어, 이런 단어가 있었네. 책을 보다 우연히 알게 된 이 단어는 '비냄새(scent of rain)'란 뜻이다. 어원은 그리스어로 돌이라는 뜻의 'petra'와 그리스 신화에서 신들의 몸속을 흐르는 황금의 피 'ichor'가 결합된 합성어다. 흔히 우리가 "비 온 뒤에 나는 그런 냄새 있잖아, 왜" 하고 말하던 '비 냄새'라는 단어가 있다는 건 참 신기했다. 어쩌면 존재하는 무엇이 이름을 지닌다는 건 당연한 일인데 내가 그저 그걸 몰랐던 것이기도 하다.

결국, 그 녀석이 오고 말았다. 초등학생인 딸이 아침저녁으로 몇 달을 졸라대는 통에 나도 지쳐 에라 모르겠다 하고 허락을 해버렸다. 대신 나는 그 녀석에게 먹이를 주거나 배설물을 치우는 일을 하지 않을 것이고 놀아 주지도 않을 것이며 딸이 집을 비울 땐 전용호텔을 이용할 것을 조건으로 내걸었다. 주 양육자는 절대 내가 아니라는 사실을 재차 확인하고 양심상 양육비의 일부는 부담하기로 철석같이 약속을 하고는 기니피그 한 마리를 집으로 데려왔다. 뭐 대단한 동물권(動物權)에 대한 개념이 있는 건 아니지만 여러 가지 이유로 동물원도 썩 좋아하지 않는 내가 집 안에서 동물을 기른다는 건 쉽지 않은 결정이었다.

또래 친구들이 고양이나 개, 토끼, 햄스터와 고슴도치, 앵무새까지 유행처럼 반려동물을 키우는 걸 따라 하느라 그저 새로운 종류의 장난감을 가지고 싶어 하는 게 아닌가 하는 염려도 있었다. 게다가 진짜 문제는 분명히 시간이 갈수록 이 녀석의 주된 돌봄이는 내가 될 가능성이 크다는 거였다. 일주일이면 선인장이나 다육이의 생명도 거뜬히 앗아가는 재주를 지닌 내가 도대체 어떻게 동물을 건사하겠는가. 딸은 손바닥만 한 기니피그가 그렇게 예뻐 죽겠다는데 내 눈엔 그저 조금 덜 징그러운 쥐일 뿐이다.

어쨌거나 딸은 그 녀석의 이름을 짓느라 내내 고민을 했다. 별의별 이름을 다 갖다 붙여보고는 혼자 깔깔대다 온통 하얀색 털로 덮인 외모에 맞게 '우유'라는 이름을 지어주었다. 오래 고민한 것치곤 너무 뻔하고 특별하지도 않은 이름을 지어주곤 좋아서 어쩔 줄 모른다. 이제는 학교에서 돌아오면 제일 먼저 "우유야" 하며 그 녀석에게 간다. "우유야, 우유 안 돼, 우유 이리 와, 우유야 당근 먹자, 우유 휴지 먹으면 안 돼, 우유야, 우유야…" 다행히도 쉼없이 이름을 불러대는 만큼 아직까지는 약속한 대로 덜 징그러운 쥐, 기니피그 우유의 모든 것을 잘 챙기고 있다. 우유는 이제 딸의 삶에 가장 소중한 것 중 하나가 되었다.

"오 로미오! 그대는 왜 로미오인가요?" 첫눈에 반한 로미오에게 쏟아내는 줄리엣의 이 말은 질문이 아니라 사랑의 대상에 대한 더없는 찬사이고 감동이며 고백이다. 물론 왜 하필 원수인 몬테규 집안의 로미오인가에 대한 원망과 속상함도 있겠지만, 바꿔 생각하면 그럼에도 불구하고 로미오가 좋다는 뜻일 것이다. 우리가 누군가의 이름을 부른다는 건 그 존재의 모든 에토스(ethos)를 이해하고 받아들이겠다는 의미일 것이다. 더구나 우리가 무엇인가에 이름을 붙여주는 건 이름을 만들어 주는 이와 대상과의 특별한 관계를 말해

주는 것 같다. 그만큼 이름에는 이름을 붙여준 이가 무엇을 중요하게 생각하는지, 대상을 얼마나 소중히 여기는지 고스란히 드러난다.

작가와 철학자들 중에는 유난히 고양이를 사랑한 사람들이 많았는데, 그 고양이들의 이름을 보면 영락없이 주인의 생각이 읽힌다. 『존재와 무』를 쓴 사르트르(Jean paul Sartre)의 고양이는 '무(nothing)', 『광기의 역사』를 저술한 푸코(Michel Foucault)의 고양이는 광기(insanity)이다. 『목소리와 현상』을 비롯한 그의 저서에서 데리다(Jacques Derrida)는 로고스를 '목소리'라는 자신의 개념으로 이야기하는데 이런 그의 고양이 이름은 로고스(logos)이다. 『나르시스와 골드문트』의 저자 헤세(Herman Hesse)의 고양이는 나르시스(narcissus)이고 『허클베리 핀의 모험』을 쓴 마크 트웨인(Mark twain)의 고양이는 허클베리(huckleberry)이다. 『피그말리온』의 저자 버나드쇼(George Bernard Shaw)는 책 제목 피그말리온(pygmalion)이 바로 자신의 고양이 이름이다. 고양이들의 이름만으로도 주인이 누구인지 쉽게 유추할 수 있을 것 같다.

우리가 무엇인가에 이름을 붙여주는 것은 대상에 대한 애정과 깊은 의미의 해석이 가득 담긴 일을 하는 것이다. 심지어 김춘수가 이름 한번 불러준 그 누군가는 꽃이 되기까지 했을까. 우리는 시간을 들여 정성스럽게 무언가를 만드는 것에 '짓다'라는 표현을 쓴다. 밥을 짓다, 옷을 짓다, 짝을 짓다, 집을 짓다 그리고 이름을 짓다. 그래서 우리는 이름을 '짓다'라고 표현하나 보다.

찾아보면 우리가 무심코 '어, 그거'라고 해버리는 많은 것들도 실은 누군가가 정성스레 지은 자신들의 이름을 버젓이 가지고 있다. 귤을 먹을 때 과육과 껍질 사이에 붙어 있는 하얀 그것 '귤락' 또는 '알베도(albedo)'. 피자를 배달시키면 피자 중앙에 있는 하얀 삼발이 같은 플라스틱 그건, '피자 세이버(Pizza saver)'. 카페에 있는 좁고 작은 빨대인가 하는 그것은 '십스틱(sip stick)'. 조금씩 마시다(sip)라는 단어에서 유추할 수 있듯이 커피를 젓는 용이 아니라 실은 빨대가 맞다. 운동화 끈 끝부분의 금속이나 플라스틱으로 마무리된 그것은 '에글릿(aglet)'. 빵 봉지를 묶는 철사는 '트위스트 타이(twist tie)', 네모난 플라스틱은 '브레드 타이(bread tie)' 또는 '브레드 리본(bread ribbon)'. 우리가 모르는 것들이 비단 이것들뿐이겠는가. 그리고 궁금해하던 '그것'들 역시 신기하고도 당연하게 모두 제 이름을 지니고 있다.

모든 사랑하는 것들의 이름을 아낌없이 불러주자. 모르면 찾아 불러 주고, 없다면 이름을 지어주자. 어쩌면 자신의 이름을 불리기 원하는 수많은 존재들이 자신들을 불러줄 살가운 목소리를 기다리고 있을지도 모른다. 아마도 이름을 부른다는 건 사랑한다는 말의 다른 표현인 것 같다. 거기 엄연히 존재하고 있다는 걸 인정한다는, 그런 너를 내가 잘 알고 있다는, 앞으로도 오래오래 기억하겠다는 그런 말일 것이다. 이름을 지어주고 소리 내어 말해 준다는 건.

도시의 발견

날이 좋아도 봄나들이를 할 수 없다. 해외를 오가는 일은 더더욱 쉽지 않다. 예정된 공연들이 취소되어 배우들은 무대에 오를 수 없고, 올림픽마저 연기되어 선수들은 경기에 나갈 수 없다. 선생님과 학생들은 온라인에서 만나야 하고, 다수의 직장이 재택근무를 선택했다. 독거노인들의 집은 더 조용해졌고, 아이들은 밖에서 뛰어놀 수 없다. 안타깝게 바이러스의 공격을 받은 이들은 홀로 투병해야 하고, 의료진 역시 병원에서 벗어나 제대로 된 휴식을 취할 수가 없다. 모두 자신들의 공간에 갇혀 섬이 되어 버렸다. 어쩔 수 없는 고립의 도시. 지구촌 곳곳이 외로움에 앓고 있다.

하루를 일해야 하루를 살 수 있는 이들은 견디기도 버거운데, 음식을 사재기하고 총기류까지 동이 나는 곳도 있다. 함께 모여 기도하거나 즐기는 일도 금지되었다. 혹시나 누군가와 만날 때도 악수나 포옹은 꺼려진다. 마스크를 써서 또는 쓰지 않아서 혐오의 대상이 된다. 이제 사람을 만나는 일은 서로를 감시하고 경계해야 할 일이 되었다. 반갑지 않은 공포의 도시. 우리는 뭉크의 그림 속 인물들처럼 두려움에 떨고 있다.

놀랍게도 우리를 가두고 겁주는 바이러스는 피부색을 차별하지 않으며, 가진 게 많다 해서 피해가지 않는다. 권력이 있다고 기죽거나 중요한 위치에 있다고 해서 봐주는 법이 없다. 바이러스를 피해 집 안에 갇히는 대신 공장이 가동되지 않자 매연이 줄어들고, 여행객이 사라지자 강과 바다는 깨끗해졌다. 우연히 되찾은 정의의 도시. 응시되지 않았던 정의에 모두가 어리둥절해 하고 있다.

이런 도시에 나타난 사람들. 경찰서에 퇴직금을 가져온 택시기사, 자신의 마스크를 모아들고 온 기초수급자, 저금통을 깬 초등학생. 의료진에게 쏟아지는 도시락과 간식의 행렬. 집집마다 택배 기사들을 위해 마련된 음료와 메모들, 쪽방촌에 도시락을 배달하는 봉사자들. 응원과 격려의 메시지로 폭발하는 SNS와 각계각층의 기부. 믿을 수 없는 위로의 도시. 불안에 얼룩진 시간과 공간은 소박한 기적들로 잠식당했다.

외로움과 공포, 두려움은 잊혔던 것들을 되돌아보게 했고, 우리에게 예상치 못했던 세상을 보여주었다. 이미 유치원에서 배웠을 손을 잘 씻고, 기침은 가리고 하라는 기본적인 예의, 자유라는 권리에는 타인을 배려하는 의무가 따른다는 원칙들이 새삼스레 얼마나 중요한 일인지. 무시되고 미루어졌던 평등이나 정의라는 것에 대해서도. 50cm의 테이블을 사이에 두고 누군가와 차 한잔할 수 있는 즐거움이, 가족과 시간을 탕진할 수 있음이 얼마나 소중한 것인지 깨닫게 되었다. 일상의 결여가 가져다준 새로운 일상은 우리가 당연하다고 여기던 것들이 더 이상 당연한 것이 아님을 알게 해주었다. 우리는 빼앗겨 본 후에야 삶의 의미와 가치를 새삼스레 되새기게 되었다. 행복이 어떤 것이고 삶의 이유가 무엇인지, 내가 존재하는 까닭이 무엇인지도.

AI가 심부름을 해주고 우주관광이 상품으로 나오는 세상이 와도 여전히 우리에게 소중한 것들은 변하지 않길 바란다. 함께 살아간다는 것이 두려움과 공포의 덫을 지나는 일이라 해도 함께이기에 가능한 것이기를. 타인이 짐이 아니라 위로가 될 수 있기를. 불안에서 흘러나왔으나 불안을 흘려보낼 것들, 결국 우리를 구원할 것들은.

한가위만 같아라

음력 8월 15일. 우리는 추석을 쇤다. 중추절, 가베, 한가위라는 이름으로도 불리는 이 시기는 한 해의 농사를 끝내고 오곡과 과일을 수확하는 때인지라 어떤 명절보다도 여유롭고 풍성하다. 사람들은 그 감사함을 조상에게 전하기 위해 예로부터 햅쌀로 술을 빚고 햇곡으로 차례상에 올릴 음식을 마련해왔다. 식구들뿐 아니라 온 마을 사람이 모여 새 술과 송편도 함께 나누고 씨름, 줄다리기 같은 놀이도 즐겼다.

봄날의 수고와 여름날의 더위를 버텨내고 얻어

낸 가을의 열매들은 얼마나 감격스럽고 고마운 것이었을까. 게다가 요즘처럼 음식을 어디서나 쉽게 구할 수 있는 시절도 아닌 때에 단맛을 내는 음식이나 고기를 맛볼 수 있고, 밤낮 즐겁게 놀 수 있었던 추석은 아이 어른 할 것 없이 행복한 시간이었을 것이다. 그러니 우리네 어른들은 한평생이 '더도 말고 덜도 말고 한가위만 같아라'라고 했을 것이다.

그 시간이 얼마나 기다려지고 달콤했으면 그렇게 말했을까 싶다. 하지만 한편으론 그 짧은 문장엔 늘 한가위만 같을 수 없다는 아쉬움과 포기가 담겨 있는 듯도 하다. 늘 그렇지는 않기에, 늘 그럴 수만은 없다는 것을 잘 알기에 일 년에 고작 며칠 달콤한 꿈같은 시간을 기대하며 일상을 살아 낸 것이 아닐까.

더구나 올해는 그 꿈같은 시간의 의미 자체가 변해버렸다. 오랜만에 떨어져 있던 가족을 만나고 수다도 떨고 더러는 싸우기도 하며 즐겁고도 피곤하게, 시끌벅적한 시간을 보낼 수 없었다. 바이러스가 창궐해 전 지구가 앓고 있는 중이라 「불효자는 옵니다」 같은 노래 제목을 살짝 비틀어 만든 문구가 고향의 부모님을 찾아뵙지 않는 것이 효도이고 미덕이라 말해주었다. 모여서 음식을 만들어 먹을 일이 줄

어드니 이례적으로 명절 연휴에 배달음식의 소비가 늘어났다고 한다. 가족과 모이지 않는 것이 옳은 일이 되기도 하고, 명절 때마다 매출이 감소하던 치킨, 피자집은 때아닌 호황을 만났다. 삶이란 참 새옹지마고 알 수가 없다. 아마도 이런 한가위라면 모두가 늘 그렇기를 바랄 수만은 없을 것도 같다.

'늘 그랬으면 좋겠다'는 말에는 '늘 그럴 수는 없다'가 들어 있다. 바라고 원하는 것이 쉽게 손에 잡히지 않는다는 것을 알기에 '그랬으면' 하고 바라는 것이다. 뻔히 알면서도 마치 열심히 노력하면 혹시나 늘 그럴 수도 있지 않을까 희망해 본다. 아니 그렇기에 끊임없이 소망하는지도 모른다.

아마도 '한가위만 같아라'라는 선조들의 말은 늘 그럴 수는 없지만, 지금처럼 조금만 더 버텨보라고 충분히 잘하고 있으니 좋은 날도 올 거라는 위로와 격려의 말인지도 모르겠다. 덕분에 우리는 어느 순간 무너지고 실패해도 가끔은 기쁘기까지 한 시간들을 만나니 괜찮다고 생각하며 살아간다. 매일 저녁 그럭저럭 사는 것 같아 한심해하다가도 또 어느 순간 그런대로 잘 살아간다고 자위할 수 있다. 그러니 추석은 수확하는 감사한 시기일 뿐 아니라, 삶에 대해 깊이 생각하며 성숙해지는 가을을 맞으라는 말인 것도 같다. 무

릇 만물도 사람도 여무는 계절이다.

아쉽게 포기한 만큼, 저버린 희망만큼 우리는 다시 기대하게 된다. 그런대로 잘 버티고 있고 괜찮다고 누군가 말해줬다 생각하니 산다는 게 조금 다행스럽다. 간단치 않은 시간 속을 걸으며 기다리고 기다린다. 견디고 견뎌본다. 한가위만 같기를 바라본다.

사랑할 수 있을 만큼만

말끔한 외모와는 다르게 엉망진창인 한 연예인의 집 거실이 인테리어 잡지 속의 사진처럼 근사하게 변한다. 바쁜 맞벌이 부부가 아이까지 키우느라 제대로 챙기지 못한 작은 아파트는 살림하기 편하고 아기에게도 안전한 곳으로 바뀐다. 삼대가 모여 살며 수십 년간 쌓아온 짐 때문에 사람이 주인인지 짐이 주인인지 모를 집도 새집으로 이사한 듯 깨끗하고 멋진 집이 된다. 그야말로 신박하게 집을 정리해 준다는 TV 프로그램을 요즘 재밌게 보고 있다. 굳이 비싼 장식품을 구매하거나 집을 옮기지 않아도 제대로 된 정리만으로 지저분하고 불편했던 공간이 마법처럼 변한다. 그 환골탈태의 과정을 보는 재미가 쏠쏠하다. 정리전문가들이 한결같이 이야기하는 것은 하나다. '꼭 필요한 것만 남기고 모두 없애라. 그래야 더 좋은 것들로 채울 수 있는 여유와 기회가 생긴다.'

정리되기 전 집들의 모습은 얼추 비슷하다. 싱싱한 채소가 냉장고 깊은 곳에서 시들어가고, 설레며 사 왔을 옷가지들은 구석에 던져져 찾을 수조차 없다. 큰맘 먹고 들였을 운동기구들은 빨래걸이가 되어 버리고, 싼 맛에 산 필요 없지 않은 물건들이 집안 곳곳에 포진해 있다. 한동안 우리는 많이 가지는 것이 존재를 돋보이고 드러낼 수 있을 것이라 여긴 시절이 있었던 것 같다. 하지만 생각해 보면 소유한다는 것은 '얼마나'가 아니라 '무엇을' '어떻게' 가지는가가 더 중요한 것 같다. 비운다는 것도 결국은 가장 중요한 것들만 남기라는 말로 들린다. 번다한 것들을 챙기는 대신 소중한 것들에 사랑을 더 많이 베풀며 살라는 게 아닐까.

내 것이 될 무엇에 대해 어떻게 책임을 다할 수 있을까를 고민해 본다. 볼펜 한 자루를 사도 잉크가 닳을 때까지 충분히 잘 쓰고 헤어지고, 반려동물을 맞는다면 한 생명을

성의 있게 끝까지 돌볼 수 있을지, 어떤 식으로든 한 사람을 내 집에 들인다면 최선을 다해 생을 함께 할 수 있을지 말이다. 물건이든 동물이든 사람이든 그것을 내 것이라 결정하는 순간, 그 모두는 나의 삶이 된다는 것에 대해, 그 대단한 인연에 대해 숙고해야 할 것 같다. 지니게 될 모두가 내 이야기의 일부가 된다는 걸 염두에 둔다면 '가진다'는 것에 대해 신중하지 않을 수 없다.

정리된 집을 보고 나면 집주인들은 종종 눈물까지 보이며 감격스러워한다. 아마도 자신의 일상이 한동안 그렇게 엉켜 있었다는 걸 그제서야 깨닫기 때문일 것 같다. 그건 단순히 번잡스런 공간의 정리만은 아니다. 소란스러운 사설을 걷어내고 가장 가치 있는 이야기만을 속삭이게 된 곳이 얼마나 소중하고 반갑겠는가.

TV를 보다가 주위를 둘러본다. 내가 켜켜이 쌓아놓은 것들은 어떤 유언을 준비하고 있는 걸까. 가진 것들을 다 사랑할 수 있는 걸까. 가진 것들을 정말 나는 다 사랑해도 되는 걸까. 내 것으로 만든다는 것에 대한 책임. 한 존재를 소유한다는 것에 대한 무게를 감당할 힘이 나에게 있긴 한 걸까. 누군가가 나를 자신의 이야기 속으로 끌어들이겠다면 선뜻 내 줄만은 한 걸까. 타인의 이야기를 어지럽히지 않을 자신이 과연 나에겐 있는 것일까.

이 밤엔 기꺼이 잊힌 사연들과 무뎌진 이별들을 떠올리며 잃은 것들을 축하한다. 잃어갈 것들을 축하해 본다. 새벽녘 나뭇잎에는 밤새 지워진 기억의 사리가 투명하게 맺혀 있다. 소멸에 대한 보상. 아직 남아 있는 아름다움. 이따금 떠나보낸 누군가가, 무엇인가가 다시금 슬쩍 그리워져도 사랑할 만큼만 가지기로 한다. 사랑만큼만 가지기로 한다. 사랑만 가지기로 한다. 가지기로 한다. 때가 되면.

진짜 천사처럼

나는 천사다. 내 동생도 천사다. 나는 안젤라(Angela), 동생은 미카엘(Michael). 그렇다, 세례명이다. 나와 내 동생은 모태신앙 정도가 아니라 모모모태신앙쯤 되는 집안에서 태어났기에 어렸을 적 유아세례를 받는 것이 당연한 일이었고, 그렇게 우리 남매는 본인들의 의사와는 상관없이 천사가 되었다.

부모님은 우리를 세례명으로 곧잘 부르셨는데, 특히 동생보다도 내가 더 많이 그렇게 불렸다. 부산 사람인 엄마는 동생의 이름 명훈의 훈 자만

따서 '훈아' 하고 늘 부르셨는데, 아마 내 이름 명주는 끝 자인 '주'가 울림소리인 ㄴ이나 ㅇ이 아니라 '주야' 하는 발음이 편하지 않아서 안젤라라는 이름을 더 많이 썼을까 싶기도 하다. 그 이름으로 불리는 것에 큰 불만은 없었으나 어렸을 땐 친구들 앞에서 그렇게 불리면 민망하고 싫기도 했다. 유치원생도 학원에서 쓰는 영어 이름이 있는 요즘과 달리 그때는 '넌 영어 이름이 있어?' 하고 묻는 친구들에게 일일이 설명하는 게 귀찮고 난감했다. 또 이왕 그렇게 생각할 거라면 안젤라보다는 캐서린이나 이블린, 레이첼 같은 이름이 더 세련된 것 같다고 생각하기도 했다. 어쨌거나 좋은 신앙과 올바른 삶을 바라며 지어주셨을 부모님의 마음으로 그렇게 나는 명주이자 천사로 살게 되었다.

사는 동안 남에게 큰 피해를 주거나 해를 입히지는 않았지만 그렇다고 '안젤라'라는 이름을 의식하며 착하게 살아야지 한 적은 별로 없었던 것 같다. 아마 작정하고 천사의 역할을 흉내낸 것은 고등학교 때 수련회를 가서 한 마니또 게임이나 대학 M.T 때 천사게임을 했을 때 정도일 것이다. 참석자들의 이름을 모조리 넣은 상자에서 하나씩 이름을 뽑아 같이 지내는 시간 동안 상대가 알지 못하게 '천사처럼' 친절을 베풀면 되는 놀이다. 게임의 의도는 잘 알겠다. 하지만 그렇게 준비 없이 우격다짐으로 천사가 된 이들은 누군가 나에게 베풀 고마움을 느껴보려 한다거나 티 나는 배려를 즐기는 것이 아니라, 나에게 친절을 베푸는 범인 색출에 더 혈안이 된다. 최대한 천사처럼 굴겠다는 생각보다는 참석자들을 의심의 눈길로 훑게 된다. 나 역시 내 친절을 받을 누군가를 도울 생각보다는 어떻게 들키지 않고 천사 짓을 할 수 있나가 더 관심사다. 천사가 되는 건 말처럼 쉽지 않다.

게임을 제안한 사람의 멱살을 잡고 살짝 흔들어 주거나, 등짝을 한 대 때리고 싶을 만큼 재미없고 오글거리며 유치한 그 게임으로 얻은 교훈은 딱 하나다. 강제로 천사가 되는 것은(일찍이 강제로 천사가 된 경험을 이미 해본 적도 있거니와) 애초의 의도와 달리 구성원 간의 서먹함을 제거하거나 친목을 도모하는 데 썩 좋은 방법은 아니라는 것이다. 차라리 밥 한 끼를 같이 먹거나 차 한 잔의 소곤거림이 더 효과적일 듯싶다.

하지만 친하지도 않고 때로는 관계가 껄끄럽거나 심지어 싫어하는 사람이 나의 천사, 나의 마니또가 되면 그 가능성을 예상 못한 것이 아님에도 그렇게 놀라웠다. 미워하는 상대에게 괜히 미안한 맘까지 드는 순간, 어쩌면 진짜 천사는 그렇게 생각지도 못하게 우리 옆에 머물다 가는 건 아닐까 하는 생각을 하게도 된다.

우연히 눈에 들어온 지하철 옆 사람의 책 한 줄이, 라디오에서 흘러나온 아름다운 노래 한 소절이, 나를 지나쳐 걸어간 사람이 남기고 간 기분 좋은 향수 냄새가, 인기가 많아 매번 다 팔렸던 조각 케이크가 퇴근길에 여전히 남아 있던 저녁이, 일주일에도 몇 번씩 찾아오는 택배 기사가, 여행지에서 만난 낯선 이방인의 과분한 친절이, 계절이 바뀌고 눈에 들어온 꽃 한 송이가 실은 우리가 눈치도 채지 못하는 새 우리 옆에 슬쩍 왔다 간 천사들이 아닐까 하는 그런 생각을.

소리 없이 가만히 지켜보다 우리의 실망과 상심, 체념과 우울, 아픔과 슬픔과 허기짐으로 서러웠을 순간마다 나를 혼자 버려두지 않고 온갖 모양과 색으로 내 곁에 있어 주었을 거라는 생각을. 그런 위로는 그들이 날개를 달고 머리 위에 동그란 테를 두르지 않아도 충분히 천사답다는 생각을. 늘 나를 지켜주는 천사가 있다는 믿음으로 아침의 태양도 지는 노을도 마주할 수 있는 것 같다는 생각을.

사랑하는 이들 곁에 그렇게 벽지 속 무늬처럼, 베란다의 화분처럼 조용히 머물다가 뽀르르 튀어 나가 위로의 한순간을 던져줄 수 있다면 하는 생각을. 그렇게 진짜 천사처럼 살 수 있다면 좋겠다는 생각을, 천사라는 이름으로 천사인 척해 보던 어느 날 하게 되었다.

토끼가 없어도 괜찮아

쨍하고 작열하며 지글지글 초열하지 않는다. 은근하고 따뜻하다. 환히 밝혀 구석구석 낱낱이 보여주지 않아도 어슴푸레 적당히 보일 만큼 보이면 그만이다. 뫼르소가 끔찍한 일을 하게 한 태양과 다르게 달은 유사 이래로 영장류들의 마음을 보듬는 일을 해왔다. 아니 어쩌면 훨씬 더 긴 시간 동안 이 땅의 모든 것들을 그렇게 지켜왔을지도 모를 일이다.

오래전부터 시인들은 달빛 덕에 시를 쓰고, 음악가들은 달을 주제 삼아 노래했다. 연인들은 달빛 아래서 사랑을 약속했고, 어떤 이는 정화수 한 사발의 절절함이 달빛에 닿길 기도했다.

달이 뭐라고. 달은 그저 우리가 사는 지구를 지루하게 빙빙 도는 위성일 뿐인데. 태양처럼 스스로 빛을 내지도 못해 야광별이 낮 동안 햇볕을 한껏 빨아들였다가 어두워지면 빛을 토해내는 것처럼, 태양의 빛이 닿는 부분만 간신히 빛을 내는 존재인데. 그런데도 왜 우리는 달빛을 보면 마음이 따뜻해지고 위로를 받는 것 같고 진실을 속삭여도 되는 것처럼 느껴질까.

그 옛날, 빛이라곤 태양밖에 없던 그 시절의 밤은 아주 무서운 시간이었을 것이다. 한 치 앞도 보이지 않는 칠흑 같은 어둠 속에서 가족의 생사와 안위조차 확인하지 못했을 그 시간, 새벽이 오기까지 다시 빛을 볼 수 있을까 두려움과 걱정 속에 떨었을 그 시간, 한 줄기 달빛은 그들에게 단 하나의 희망이었을 것이다. 어둠이 깊어질수록 한 줄기 달빛은 더 처절하고 소중했을 것이다. 그 희미한 불빛으로 사랑하는 이의 얼굴을 겨우 가늠하고 달빛이 스러질수록 날은 밝아진다는 것을 알고 내일을 약속할 수 있었을 것이다. 그 걱정과 사랑의 마음 졸임이, 달의 위안과 고마움이 아마도 우리의 유전자 속에 깊이 박혀 있는 것이 아닐까 싶다.

닐 암스트롱이 아폴로 11호를 타고 달에 착륙한 것이 50년이 지났음에도(물론 이 사실을 믿지 않는 이들도 있긴 하지만) 우리가 여전히 달에 대한 소망을 버리지 못하는 까닭일 것이다. 자고로 달은 이태백이 휴양차 들르는 곳이라든가, 계수나무 옆 토끼는 쉬지도 않고 방아를 찧고 있는 데가 아니라는 걸 알아도 여전히 달은 우리를 꿈꾸게 하는 그 달이다. 무시무시한 어둠과 공포에서 우리를 지켜냈으니 하찮은 인간의 소원쯤이야 거뜬히 들어줄 수 있다는 걸 의심하지 않는다. 시리도록 반짝여 바라보기도 힘든 빛이 아니라 얼마든 바라보고, 그리워하고, 맘껏 원망해도 그저 조용하게 따듯하게 우리를 안아주니 달빛 아래선 거짓말을 할 수가 없는 것이다. 주위가 어두울수록 고작 빛 하나에 기대게 된다. 달빛 하나면 충분할 밤, 그 빛이 없으면 세상은 무서워지고 마음은 훨씬 무거워진다.

「눈썹달」이라는 이름의 앨범을 낸 적이 있는 가수 이소라가 방송에서 얘기하는 걸 들은 적이 있다. “이유는 모르겠는데 왜 달을 보면 그냥 마음속 진실한 얘기가 나오고 소원 빌고 싶잖아, 그래서 달을 이렇게 쳐다보다가, 저 노래하게 해 주세요. 그렇게 빌었다. 아마 노래가 나한테 정말 소중한 일인가 봐.”

나도 오늘 밤엔 품고 있던 간절한 것들을 달에게 빌어봐야겠다. 이런, 오늘 밤 개기월식이란다. 토끼가 없어도 떨어지지 않은 달의 효능인데 잠깐 보이지 않는다고 설마 내 소원을 못 들은 체하지는 않겠지. 달님, 제발….

정직하고, 아름답고, 따뜻한

파란 쫄바지에 빨간 망토 출렁이는 이의 뒷모습은 정의롭고 믿음직스럽다. 어떤 어려움에 처한 자가 있다면 그가 구원해 줄 것이 틀림없다. 크고 검은 헬멧에 검은 망토를 늘어뜨리고 야광봉 같은 검을 휘두르는 뒷모습을 보았다면 그는 분명 역사에 길이 남을 만한 악인일 거라 생각한다. 물론 이러한 지레짐작이 억측이거나 생사람 잡는 곤혹스런 경우가 있을 수 있으니 주의해야겠지만, 살면서 만나는 수많은 뒷모습들이 얼굴도 보기 전에 이미 자신의 이야기를 흘리니 가끔씩 우리는 그 사연을 뒷모습으로 짐작해보곤 하는 것이다.

뒷모습은 솔직하고 정직하다. 꾸미고 치장하기도 어렵고, 진의를 감추려 해봤자 금세 탄로가 나기 마련이다. '나를 따르라!'는 외침 한마디에 병사들은 적진을 향해 돌격한다. 전쟁영화 속 장군의 모습은 늘 멋지다. 호령하는 장군의 얼굴 생김새가 어떤지, 그가 승리를 확신하며 웃는지 두려움을 감추려 애써 침착한 표정인지 알 필요가 없다. 앞장서서 무리를 이끄는 장군의 등에 서린 기개와 용기를 믿지 않는다면 누구도 죽음에 뛰어들 각오를 할 수 없다. 서로의 허리를 감싸 안고 걷는 연인의 뒷모습을 보면 세상에 그 둘만 존재하는 것 같다. 그들의 앞모습이 어떨지 굳이 앞으로 달려가 확인할 이유가 없다. 녹은 버터처럼 흘러내릴 듯 햇볕에 누워 있는 고양이는 등만 봐도 세상의 모든 여유와 평온을 전세 낸 듯하다. 낮잠 자는 고양이의 얼굴은 쉬이 상상이 된다.

자신의 일에 몰입하고 집중하는 사람의 뒷모습은 아름답다. 피아노 연주자가 쉴 새 없이 손을 움직이고 몸을 흔들며 박자를 타는 등이 황홀경에 빠지는 순간, 관객들도 숨죽여 그 순간을 만끽한다. 어슴푸레한 새벽부터 해가 질 때까지, 자신이 점처럼 보일 만큼 넓은 밭에서 묵묵히 일하는 농부의 굽은 등에선 노동의 고귀함이 느껴진다. 땀으로 젖어버린 얇은 티셔츠엔 농부의 인생이 함께 스며들어 있다. 성직자가 되기 위한 서품식에서는 사제서품을 원하는 자들이 바닥에 완전히 엎드려 눕는 예식이 있다. 온전히 자신을 비우고 자신의 신앙에만 몰두할 것을 약속하는 순간 그들의 등은 완전히 노출되어 있다. 공격도 방어도 할 수 없다. 오롯이 신과 세상 앞에 내던져진다.

정직하고 아름다운 뒷모습에는 따뜻함도 담겨 있다. 놀이공원 귀신의 집에선 믿을 만한 친구의 등 뒤에 바짝 붙어 걷는다. 부끄러워 숨을 곳이 필요할 땐 가능하면 든든한 어른의 뒤를 찾아 숨고 싶다. 가장 안전하고 친밀하다고 느껴지는 것은 무엇보다도 엄마의 등이다. 아기의 놀이터고 잠자리인 그곳은 세상에서 가장 포근하고 편안한 곳이다.

거짓이 있을 수도 없는 뒷모습에 이러한 것들이 묻어 있으니 우리는 가까운 사람과 멀어질 때 등을 돌린다고 말하고, 심장이 아니라 등을 공격하는 적이 더 야비하게 느껴지는지도 모르겠다. 보이지 않아 늘 조연인 줄 알았던 등이 오히려 나의 얼굴보다 나를 더 잘 말해 줄 수도 있을 것만 같다.

장군의 등에서 읽은 굳은 의지로 적장을 향해 내달려

본 자만이 패잔병의 어깨를 도닥이며 수고로웠을 병사의 시간을 치하할 수 있을 것이다. 밭을 매는 농부의 등이 땀에 흠뻑 절인 모습에 숭고함을 느껴본 자에게 식탁 위 한 끼의 감사함은 커진다. 예술의 절정을 향해 치닫는 연주자의 등을 바라봤던 이들은 무대 위 돌아선 배우의 턱 밑으로 떨어지는 눈물에도 같이 슬퍼할 수 있다. 엄마의 등에서 잠들어 보았기에 우리는 어린 시절 기꺼이 곰인형의 엄마가 되어 줄 수 있었다.

눈이 앞을 바라보고 귀가 옆의 소리를 듣는 동안 우리의 등은 마음 깊은 곳의 사연들을 읽어내고 있는 건 아닐까. 구구절절 이야기하지 않아도 소중한 순간들을 이미 다 눈치채 버린 지도 모르겠다. 아마도 우리의 등은 눈과 귀도 알지 못하는 많은 것들을 알고 있는 것 같다. 이제껏 아름다운 앞모습을 위해 애써 온 만큼 뒷모습을 위해서도 살아봐야겠다. 누군가를 내 뒤에 머물게 할 수 있다면 조금이라도 더 여유롭고 근사한 뒤태를 보이고 싶다.

*미셸 투르니에(Michel Tournier)의 『뒷모습(Vues de Dos)』을 읽다.

이미 그랬다 (환절기·3)

햇볕이 쨍한 맑은 날이다. 하늘은 더없이 파랗고 구름은 지브리 만화의 한 장면처럼 하얗고 선명하다. 늦여름이 고여 있는 한가한 풍경을 내다보고 있자니 밖으로 나가 책을 보고 싶어졌다. 큰 머그잔에 커피를 한잔 내리고 책장을 찬찬히 살핀다. 얼마 전 300권 가까이 되는 전공서적을 속 시원히 없앤 터라 군데군데 새 책을 위한 공간이 넉넉히 생겼다. 아마 앞으로도 거의 보지 않을 게 뻔한데도 마치 책을 지녔던 그 시간을 모조리 내다 버리는 것처럼 아까운 생각에 굳이 끌어안고 있었다. 이제 와선 진작 치우지 않았던 것이 오히려 후회가 된다.

넓어진 책장 한구석에 숨겨져 있던 독서기록장이 발견되었다. 그래도 한동안은 열심히 썼던 기억이 있다. 펼쳐 보니 처음엔 꽤나 정성을 들였다. 책 제목과 저자, 출판사와 출판연도를 맨 윗줄에 쓰고, 인상적인 문장들을 일일이 적어 그 페이지와 함께 적어두었다. 짧은 감상도 덧붙였다. 진지하게 몇 장이 넘어간다 싶더니 어느 순간부터는 책 제목과 페이지 그리고 그 문구가 어떤 건지 알아볼 수 있을 정도로만 문장의 처음과 끝 단어를 간략히 표시해 두었다. 몇 장을 더 넘기니 거기서부턴 책의 제목과 페이지만 나열되어 있다. 급기야는 보고 싶은 영화목록이나 사고 싶은 음반 타이틀, 사야 할 것들을 적는 메모장이 되고 말았고, 전화하다 한 낙서나 택배사에 문의한 내용 같은 것들이 공책의 줄 따위는 무시한 채로 적혀 있었다. 제대로 용두사미인 내 기록을 남의 일기장 훔쳐보듯 낄낄대고 보다가 내려놓았다.

여기저기 비워진 책장에 어떤 책을 채워 넣을까 생각하니 설레기도 한다. 다시 책장을 쓱 훑어 남겨진 책들 중 한 권을 뽑아 든다. 책을 옆구리에 끼고 반쯤은 식어버린 커피를 들고 엘리베이터를 탄다. 아파트 로비층에 있는 테이블에 기분 좋게 앉아본다. 햇볕은 눈부시고 하늘은 예뻤지만 그럴싸한 풍경을 몸으로 맞기엔 기온이 예상보다 너무 낮다. 이런, 좁은 베란다를 달군 햇빛에 속아 바람을 생각하지 못했다.

가을이 벌써 싸늘하다. 이제쯤 찬바람이 드는 것이 당연한 일이건만, 선전포고도 없이 와버린 가을 한 편에 서 있으니 가져 본 적도 없는 여름을 잃은 양 괜히 서운하다. 하기야 매일 펄펄 끓어대는 것만을 품고 어찌 살아가겠는가. 기특하게도 가을은 제가 알아서 걸맞은 바람을 불어댄다. 언젠가는 나도 바람처럼 계절을 마중 나갈 수 있다면 좋겠다.

안타깝게도 삶에는 버려야 얻어지는 것, 가질 수 없어 아름다운 것들이 있는 것 같다. 불평 한마디 없이 덜어내고 담고, 보내고 맞이하기를 수도 없이 해왔을 계절은 봄부터 이미 가을이 되기에 충분했다.

너무 뜨겁지는 않게

한낮의 볕은 여전히 따가워도 아침저녁으로 부는 바람이 제법 차다. 여름이 자리를 내어준 게 얼마 되지도 않았는데, 간사한 사람의 마음은 벌써 따스한 것들이 그립다. 김이 모락모락 나는 호빵, 포근한 털 목도리 그리고 따뜻한 마음을 지닌 사람들도.

티셔츠에 얇은 트렌치코트로는 갑자기 추워진 날씨가 감당이 안 된다. 아무리 그래도 10월에 한파주의보라니. 게다가 감기로 머리는 어지럽고 목은 잔뜩 부어오른 데다 코도 꽉 막혀 숨쉬기도 불편하다. 그런데도 내 코는 커피 냄새만은 거르지를 않는다. 뱃사람들이 사이렌의 아름다운 소리에 홀리듯 커피향에 취해 집으로 바로 가지 못하고 커피숍 문을 당긴다. 커피숍에 들어서면서도 내가 오죽하면 아침부터 제 발로 병원을 다녀왔을까를 생각하며 '그래 오늘은 레몬차나 마시고 말자' 마음먹고는 카운터로 향한다. "손님 주문하시겠습니까?" 잘 교육받은 항공사 승무원처럼 생글거리는 얼굴에 계이름 '솔' 정도 높이의 목소리가 기분 좋게 나를 맞는다. "따뜻한 아메리카노 주세요" 감기 환자의 결심 따윈 제치고 마음은 기어이 원하는 대로 주문을 내뱉어 버린다. "진동벨이 울리면 가져가세요" 주문을 받은 직원은 빠르고 능숙하게 진동벨과 영수증, 카드를 3단으로 쌓아 나에게 건네준다. 앞에 밀린 주문이 거의 없는 것 같아 나는 자리로 가지 않고 카운터 오른쪽 끝쪽으로 가서 내 커피를 기다린다.

가슴 정도 높이의 가로로 긴 탁자를 사이에 두고 직원이 하는 일을 살짝 엿본다. 막 갈린 커피가루를 포터 필터에 털어 넣고 평평하게 깎아 템퍼링 한 후 커피머신에 돌려 꽂는 것이 순서일 텐데, 이상하게도 그녀는 가장 큰 사이즈의 컵에 뜨거운 물을 사정없이 받는다. 저러다 넘치겠다 싶은 순간 이번엔 또 찬물을 받아 컵에 물이 찰랑거리는 것이 여기서도 보일 만큼 가득 채운다. 그러더니 돌아서서 우리 사이의 탁자 위에 그 컵을 내려놓고는 내 앞쪽으로 쓱 들이민다.

"날씨가 갑자기 너무 추워졌죠? 저도 아침에 출근하는데 너무 춥더라고요. 커피 나오는 동안 이걸로 손이라도 데우세요." 커피숍으로 들어오는 모양새가 그 직원이 보기에도 꽤나 추워 보였을까. 예상치 못한 배려에 오히려 당황하여 "고맙습니다." 하는 형식적인 인사만 하고는 내민 컵을 두 손으로 감싼다. 따뜻한 온기에 뼛속까지 데워짐을 느끼고 나서야 뒤늦은 감동을 받았다. 이 상황이 드라마라면 나는 아마 성별에 상관없이 저 직원과 첫눈에 사랑에라도 빠졌을 것 같다. 조금을 더 기다려 주문한 커피와 덤으로 얻은 따뜻함 한 잔까지 받아들고는 자리에 앉았다. 커피가 식어가도 고마운 마음이 사라지질 않는다.

사람과 사람의 사이는 균일하지 않다. 어떤 이는 좀 안 봤으면 싶은데 끊임없이 부딪히고, 좀 더 일찍 만났더라면 싶을 만큼 좋은 이는 쉽게 만나지지가 않는다. 누군가는 멀리서 소식만 들려도 반갑지만, 떠올리기만 해도 고개를 젓게 되는 사람도 있다. 누구나 어쩔 수 없이 사랑하는 이와 미워하는 이가 있기 마련이다. 다만 적어도 나를 사랑하는 사람들에겐 오늘 아침 그 커피숍의 직원처럼 기분 좋은 하루를 만들어 줄 수 있는 내가 되길 바란다. 조금 섞어 넣은 차가움 덕에 적당한 온기를 느낄 수 있도록 배려해 준 것처럼 조금은 거리를 두고 조금은 떨어져서, 때로는 조금 기다려 주기도 하면서.

한겨울이라도 난로가 너무 가까우면 데이고 그렇다고 너무 멀어지면 추워진다. 사람과 사람 사이도 지나치게 가까우면 부대끼고 좀 멀어지면 이내 서운해진다. 혼자 있는 걸 즐기는 나는 멀리서 사람을 그리워하는 편이 끈적거리게 붙어서 싫어지는 일보다야 낫다고 여기지만, 그래도 가을이 다 가기 전에 춥다고 느꼈을 소중한 사람들은 좀 챙겨야겠다. 그들에겐 뜨겁게 끓어올라 쉬이 지치기보다는 따뜻하다고 느낄 수 있는 사람이 되면 좋겠다. 누군가에겐 오래오래 은근히 흠모할 수 있는 사람으로 남을 수 있다면 더 좋겠다.

마음의 흔적

이것저것 필요한 물건을 사고 카드를 내민다. “전명주 고객님이시죠?” 삑, 삑, 삑, 삑. 직원은 묻지도 않고 알아서 내 비밀번호까지 눌러 이용 포인트를 적립해준다. 싱긋 웃어 보이는 그녀의 얼굴은 ‘귀찮은 일을 덜어주었으니 고맙죠?’ 하는 것처럼 느껴진다. 나도 같이 웃었지만 실은 좀 당황스럽기도 하다. 7년이 넘게 다닌 가게이니 나도 직원들의 얼굴을 모두 기억하고 길에서 만나도 눈인사 정도는 할 만큼 익숙하다.

어쩌다 나 대신 번호를 눌러주는 2~3초가 고

마울 때도 있었다. 직원의 입장에서는 단골손님에게 베푸는 친절함일 수도 있고, 한국인의 정서를 감안한다면 뭐 그리 큰 역정을 낼 일도 아니기는 하다. 하지만 어느 날부터는 아예 내 비밀번호를 또렷하게 기억하고 있다는 것이 특별히 나쁠 일도 없는데 괜히 꺼림직하기도 하다.

생각해 보면 이런 감정이 우스워질 만큼 우리는 자신의 정보를 곳곳에 남기며 살아간다. 배달음식이나 택배에 붙어 온 영수증에는 집 주소와 전화번호, 이름, 주문한 내역이 고스란히 적혀 있다. 정확하게 배송되어야 하니 당연한 일이다. 흉흉한 사건들이 연일 뉴스에서 보도되니 노파심은 커지고, 영수증을 잘 제거해서 완전히 볼 수 없도록 버리는 것도 꽤나 신경이 쓰인다. 언제나 예상보다 훨씬 큰 결제 금액을 안겨주는 카드내역서에는 지난 한 달 내가 먹고 마시고 소비한 모든 것들을 빠짐도 없이 잘도 알려준다.

현관문을 나서는 순간부터 백화점, 대형마트, 도서관, 사무실, 공연장, 병원, 동네 작은 찻집이나 빵집에서도 CCTV는 한순간도 쉬지 않고 우리를 주시한다. 생각 없이 길을 걸을 때도 차들의 블랙박스까지 협공하여 우리를 지켜본다. 독거노인이나 어린이집의 아이들, 반려동물들이 잘 있나 지켜봐 주는 기특하고 고마운 감시와 기록의 눈도 있다. 항상 누군가가 지켜보고 있다는 것이 때로는 범죄를 예방하고 어려움에 처한 사람을 돕기도 한다. 이제는 떼어놓고 살 수 없는 컴퓨터나 휴대폰 속에는 우리가 언제 누구와 무슨 메시지를 주고받았는지 다 기록되어 있다. 좋아하는 노래는 무엇인지, 최신 영화를 봤는지, 여행을 좋아하는지, 최근의 관심사는 무엇인지, 결혼은 했는지 또 어느 지역에 살고 어떤 일을 하는지의 증거가 숨길 수 없이 가득 담겨 있다.

누군가가 어디를 오가고 누구와 만나 무엇을 했는가 하는 이 방대한 기록들은 또다시 어딘가의 거대한 컴퓨터 속에 저장되어 한참 동안 남겨질 것이다. 이쯤 되면 2022년의 인간은 '나는 흔적을 남긴다. 고로 존재한다.'라고 말해도 무방할 것이다. 잊혀짐에 저항하기 참 힘든 세상이다.

다행히도 세상이 알아서 기록해 놓은 그 많은 흔적들은 나의 수많은 행적들이 어떤 의미를 지녔는지는 알지 못한다. 산 아래 찻집에서 결제한 커피 한 잔의 기록은 속상해서 마신 한 잔이었는지 여유롭게 즐긴 것이었는지 짐작하지 못한다. 간절히 기다리다 손에 넣은 음반을 들고 매장에서 계산을 하는 모습을 담은 CCTV는 뛸 듯이 기뻤던 속마음을 온전히 담아내지는 못한다. 핸드폰 속 낙엽 사진은 오는 계절을 마중하는 설렘을 다 보여주기엔 모자란 것 같다. 진짜 소중한 것들은 마음에만 남겨진다. 의미 없이 내 모습이 세상에 흩뿌려진대도 나에겐 오롯이 나만 아는 마음의 흔적들이 있다.

정말로 내 것인지 알아볼 수 있는 향기로운 자취를 지닌 사람이 된다면 좋겠다. 누군가의 가슴에는 문신처럼 또렷이 새겨져 쉽게 지워지지 않는 흔적이 될 수 있다면 행복하겠다. 혹은 손톱 끝에 겨우 남은 12월의 봉숭아물처럼 오래도록 옅게 기억된다 해도 나쁘지 않겠다. 언젠가 당신이 나를 안다고 말할 때, 당황하지 않고 나에게도 당신의 자국이 여전히 남아 있다고 대답할 수 있다면 다행스럽겠다.

4

쉬운 일

인생의 커튼콜

아빠가 돌아가셨다. 슬펐다. 슬픔이란 그런 것이었다. 그것은 너무나 깊고 짙고 생경한 것이어서 지금까지 슬픔이라고 느꼈던 것은 사실 슬픔이 아닌 것처럼 느껴졌다. 말도 많고 정도 많은 살가운 아빠였는지라 애교라고는 찾아볼 수 없는 이 무뚝뚝한 딸에게 그 슬픔은 더욱 쉽게 가시지 않았다.

아빠는 엄마가 같이 쇼핑을 할 수 있는 대한민국에서 참 찾아보기 힘든 남편이었다. 엄마가 장보기라도 부탁하면 너무나 신이 나서 장보기를 즐겼고, 사은품이라도 주는 상품은 미리 알고 귀신같이 챙겼다. 나는 엄마도 아닌 아빠가 그러는 것이 창피하기도 했다. 엄마 옷이라도 사러 가는 날이면 엄마가 맘에 드는 옷뿐 아니라 아빠가 엄마에게 입혀보고 싶은 옷까지 다 입어봐야 해서 남동생과 나는 그 시간을 기다리는 것이 가끔은 지루하기까지 했다.

내가 막 대학에 들어가 새내기가 되었을 때 아빠는 회의하러 간 외국 출장에서 아직 화장도 하지 않는 내 선물로 각종 색조화장품을 잔뜩 사다 주셨다. 커다란 기차레일이 방을 가득 채우도록 달리는 장난감 기차나 신형 오락게임도 동생은 늘 아빠와 함께 가지고 놀았다. 손녀의 100일 잔치를 앞두고는 이제 아이 맡기고 외출하라고 애 엄마가 된 나에게 원피스를 사주셨다. 물론 내 새 옷도 엄마 옷을 사는 과정과 다르지 않았다. 아마 그때 말 못하던 내 딸아이는 나와 내 동생이 언젠가 경험했던 감정을 똑같이 느꼈을지도 모르겠다. 그리고 아내와 딸의 옷을 지루할 정도로 골라주던 그런 아빠는 이제 더 이상 내 곁에 없다.

아직도 두고두고 생각나는 기억이 있다. 항상 명동 롯데백화점 앞에서 인형 옷을 사다주던 아빠의 모습이다. 지금은 한류스타의 사진이 내걸려 있고 관광객들로 넘쳐나는 곳이지만, 그때엔 가장 유행하는 새로운 인형 옷을 살 수 있는 곳이 바로 소공동이었다. 인터넷으로 쇼핑하던 시대도 아니었고, 요즘처럼 어디나 대형장난감 몰이 있지도 않았던 그때엔 꼭 그곳에 모여앉아 인형 옷이며 장신구를 팔던 아주머니들에게서 직접 사 오는 수밖에 없었다.

어느 저녁엔가 무척이나 피곤한 얼굴로 아빠는 어김없이 인형 옷을 사다 주셨다. 그런 아빠에게 딸이 한다는 소리가 고작 "피곤하면 그냥 오지 뭐 하러 거기까지 갔다 와"였다. 그것도 흐뭇하게 인형 옷을 매만지면서. 지금 생각해도 참 못돼먹었다. 고맙다는 한마디가 그렇게 쑥스러웠을까.

장례절차가 다 끝나고 오래 지나지 않아 그저 내 마음 편하자고 엄마를 우리 집으로 모셔왔다. 그리고 아무 일 없었던 사람들처럼 서로의 마음을 감추며 겨우 살아갈 만할 즈음, 이 철없는 딸은 그저 친정엄마가 곁에 있다는 것이 편하고 좋았다. 슬픔의 앙금이 바닥에 채 가라앉기도 전에 엄마를 모셔온 이유는 벌써 잊어버린 채, 아이를 부탁하고 좋아하는 공연 한 편 보겠다고 신나게 집을 나선다.

하지만 이미 오래전 예매를 하고, 며칠을 벼르고 별러 한껏 설레며 힘겹게 객석에 앉은 시간은 너무도 빨리 끝이 난다. 온전히 사로잡혔던 2시간 남짓의 시간은 사라지고 매

몰차게도 조명은 꺼져버린다. 끝난 걸 알아도 금세 자리를 뜨기가 싫다. 마차가 호박으로 변해버린 신데렐라처럼 괜히 초라하고, 방금 산 아이스크림을 뺏겨버린 아이처럼 서운한 맘이 든다. 바로 그 순간, 배우들이 다시 뛰어나와 인사를 한다. 운이 좋은 날은 좋아하는 배우의 사진을 찍는 기회도 주어지고, 아예 극 중 노래 한 곡을 다시 들려주기도 한다. 작품을 잘 봐줘서 고맙다고, 즐겁게 보았으니 이제 그만 서운해하고 어서 가라고 토닥이는 것 같다. 집으로 돌아오는 길은 여전히 아쉬워도 그런대로 흐뭇하다. 그러면 아무렇지도 않을 아줌마의 밤은 꽤나 근사해진다.

가끔은 인생에도 이런 순간이 있음 싶을 때가 있다. 신이 보기에도 꽤 착실하게 지낸 어느 날, 내 인생의 한순간을 되돌려주는 것이다. 끝나버린 공연무대 위에 배우들이 재등장하듯 잠깐이라도 아빠가 다시 나타나 나에게 선물을 안겨준다면 좋겠다. 이 무뚝뚝한 딸내미는 이번에는 아빠를 향해 달려가며 아빠를 끌어안고 "아빠 고마워요, 사랑해요!" 하고 얘기하고 싶다. 혹시나 아무렇지도 않을 아빠의 어느 저녁이 조금은 더 행복해지지 않을까.

희망을 마시다

결국 죽음이 문제다. 그렇게도 좋아하던 가수 신해철은 담당 의사의 무능함과 비도덕성 때문에 46세에 생을 마감했다. 유난히 성실하고 부지런하던 대학 선배는 “나 심장병으로 언제 죽을지 몰라”를 입버릇처럼 달고 살았는데, 정말로 그는 자신의 말대로 정확히 서른 살에 우리 곁을 떠났다. 건강검진에서 신체나이가 열 살 가까이 젊게 나오던 것을 늘 자랑하던 아빠는 두 번째 암이 발병된 지 3달 만에 고희를 앞에 두고 가버리셨다. 그들을 생각하면, 아니 정확히 말해 그들의 죽음을 생각하면 심드렁한 이 삶이 거짓말처럼 간절해진다.

대학에서 학생들을 가르치던 시절 「기독교개론」은 좀 곤혹스런 과목이었다. 미션스쿨에 들어온 죄(?)로 관심도 없는, 심지어 반감과 불만 가득한 시선을 장착한 채 기독교에 대해 들어야 하는 학생들에게 그 시간은 온갖 불만을 투사해 나에게 대들기에 꽤 적당한 시간이었다. 반대로 보수적인 신앙을 가진 학생들에겐 기독교에 내해 다른 클래스보다 조금 유연하고 인문학적인 접근을 하는 내 수업이 오히려 몹시 불경스러운 것이었다. 말 그대로 어느 장단에 춤을 춰야 할지 난감한 적이 종종 있었다. 게다가 이 과목은 대부분 교양필수다. 학생들도 나도 서로 피할 수 없는 운명이다.

사실 대학 새내기들의 1학기 수업은 자신들이 대학생이라 생각하는 고등학생을 대상으로 하는 수업이다. 질문을 던져도 쥐죽은 듯 조용하고 어쩌다 대답하는 학생이 있다면 등 떠밀려 선출된 과대표다. 그러던 학생들이 1학기 중간고사만 끝나면 점점 달라져서 기말고사쯤엔 제법 자신들의 소리를 내게 된다.

그리고 그 양상은 앞에서 얘기한 두 가지로 크게 나뉜다. 어떻게 해도 양쪽의 미움을 받을 수밖에 없는 수업을 어떻게든 끌고 나가야 하는 나도 학생들만큼 고민이 많았다. 우여곡절 끝에 두 학기 정도를 끌고 나가면, 무조건 날을 세우던 학생들로부터 '그래도 이 수업 때문에 기독교를 다시 보게 되었다'든가, '이런 기독교라면 한번 생각해보겠다'는 근사한 강의 평가를 받기도 한다. 물론 '교수님을 위해 기도해야겠다'는 신실한 학생들의 평도 겸허히 받아들여야 한다.

재미있게도 이 극단의 무리들이 맘을 합하여 진지해지는 순간이 있다. 학기가 끝나갈 무렵 수업을 마무리하며 유서를 써보는 시간이다. 이미 유서 쓰기는 각종 교육과정에서 여러 목적으로 사용되어 학생들도 한 번쯤은 해본 일이고, 대부분은 스무 살도 되지 않은 학생들인데도 자신들의 죽음을 앞에 두고는 1년 중 한 번도 보여준 적 없는 집중력과 심각함을 보여준다. 자신 곁의 소중한 사람들에게 마음만큼 사랑을 표현하지 못한 것과 자신의 의지대로 자신이 원하는 것을 고집하지 못한 후회가 대부분이다.

그리고 우리가 이미 다 알 만한 이 이야기들의 끝에 학생들은 삶에 대해 다시 새로운 각오를 다지기도 하고 별안간 용감해지기도 한다. 그러면서 자연스럽게 자신의 존재가 어떤 의미인지, 도대체 무엇이 지금의 나를 만든 것인지 묻지 않아도 생각하게 된다. 사실 어떤 종교, 어떤 신앙도 이렇게 자기 자신을 가만히 들여다보지 않는다면 시작될 수 없을 것 같다.

언젠가는 죽을 것을 알면서도, 때론 죽는 게 낫겠다고 푸념을 하면서도 결국 우리는 죽음과 마주하면 내심 삶이 아쉬워진다. 우리의 생에 당연한 연장선인 죽음이 뭐 그리 놀라울 일이라 우리를 멈추어 세우는 것일까? 아니면 죽음 정도는 생각해 줘야 정신을 차리는 것인가? 그것이 어떤 이유에서건 죽음은 우리가 그것을 잠깐 기억하는 것만으로도 오히려 삶에 대해 격정적이 될 수 있는 아이러니함을 지닌다. 우습게도 우리는 죽음을 생각하며 황량한 삶을 견디어 내고 간신히 숨 쉴 수 있다. 죽음을 생각해야 황망한 삶에서도 꿈꾸게 된다. 죽음의 경계에 이르러서야 삶은 존재를 열망하고 그 자리를 되짚어 보게 된다.

죽음에 대해 생각하고 생각하다가 커피 한잔에 온갖 희망을 갈아 넣어 마셔본다. 마음 급한 은행잎이 바람을 타고 바닥에 내려앉는다. 계절은 바뀌고 있고, 구차하게 살아 있는 나는 부지런히 오는 계절을 맞이해야겠다. 죽음이 서두르고 있을지도 모를 일이지 않은가.

봄밤

봄, 그 이후로 봄은 개나리만큼 노란 리본을 피웠다. 올해 벚꽃보다 먼저 봉우리를 틔어버린 목련은 신의 하얀 한숨일까. 분홍거리며 날리던 봄의 눈발도 사라지고 이제는 희망도 슬프다.

밤의 어둠은 기도하듯 조용히 다가오고 밤바다는 울먹인다. 기우뚱 쏟아진 꿈들은 새들이 물어다 바다 위에 뿌려줄까. 물고기들이 삼켜 통통하게 꿈으로 키울까. 철썩철썩 304개의 소망들이 파도 끝에서 부서진다. 사랑 잃은 인어공주처럼 물거품 되어 사라진다.

맘이 그럴 수 있을까? 혹자는 백화점이 무너지고 한강을 건너다 다리가 무너진 것과 다르지 않다고 한다. 비행기나 배가 사고를 당하는 것이 어디 한두 번 일어난 일이냐고 한다. 천안함 사건도 연평도 사건도 다 있었지 않았냐고. 아무리 다른 나라에서 지진이 나고 쓰나미가 일어도 종이에 베인 내 손가락 아픈 것이 사람이라지만 우리는 검은 바다로 가라앉는 배를 야구 중계 보듯 바라봤다.

참 무심도 하다. 누군가의 남편과 아내가 누군가의 아들 딸이, 누군가의 친구와 선생님이 홀연 사라졌다. 사라져 버린 이들을 품은 더 많은 마음이 아직도 그 바다에 출렁인다. 더 이상 누군가의 피붙이가 갑작스런 죽음을 맞은 이야기가 지겹다는 말은 듣지 않았으면 한다. 다른 목적으로 그들이 매도되거나 이용되지는 않길 바란다. 그저 자신 옆에서 숨쉬고 밥 먹던 이의 부재를 유난스럽지 않게 애도해 주면 어떨까 생각해 본다.

삶이 조금 무거워지는 것 같다. 적당히 타협한 양심으로 살아가기엔 미안하다. 온전히 맘쓰며 살아가기엔 힘들다. 망각을 도울 나의 침묵이 부끄럽다. 부르지 않아도 오는 계절과 애써 불러도 오지 않을 이름들. 이 봄, 밤, 맘, 참, 삶….

절망을 위하여

기차, 전철도 버스나 비행기도 내가 가려는 곳을 데려다주지 않는다. 노선이 바뀌거나 그날따라 그 정거장에 서지 않는다. 아니면 아예 모르는 곳을 묻고 찾아가야 해서 늘 헤맨다. 분명히 매번 가던 곳인데 그곳이 아니라 한다. 심지어는 내가 어디를 가려고 하는지 몰라서 정거장에 멍하니 서 있기도 한다. 10년이 넘게 나를 따라다니는 꿈이다.

하고 싶은 게 많은데 하지 못하는 10대도 아니고, 논문이나 강의 때문에 신경 쓴 것도 이미 오래전 일이다. 나조차도 알지 못하는 무슨 열망이 들끓어 밤마다 이리저리 돌아다니는지 도통 모르겠다. 어쨌거나 꾸고 나면 답답하고 기분 나쁜 꿈이다.

며칠 전 또 그 꿈을 꾸었다. 그런데 이번에는 한참을 비슷하게 발을 동동 구르다 갑자기 기구를 타고 하늘로 오르고 있었다. 꿈에서 나는 '왜 진작 이 생각을 못했지' 하며 당연한 선택지를 제쳐두었다는 듯 기구를 타고 어디론가 가고 있었다. 처음 타보는 기구 위에서 낯선 섬을 내려다보며 나는 두려워해야 하는 건지 설레야 하는 건지 알 수가 없었다. 이제 정말 원하던 곳으로 가는 건가 싶으니 설레는 것이 맞는 것도 같았다. 기구 안 반대편에 서 있던 사람이 '저도 여기는 처음이에요.' 하며 싱긋 웃으니 한결 안심이 되며 마음이 설렘 쪽으로 기우는 것 같았다. 그러나 검푸른 바다 위를 날아가며 생각해 보니 성실히 쌓아온 나의 절망들이 무너져버리는 것 같아 구질구질한 그 감정이 아까웠다. 지금껏 내가 해온 거라곤 절망을 켜켜이 쌓아올린 것뿐인데 이렇게 갑자기 해피엔딩이면 당황스럽다. 그러자 까닭 모를 우울과 자기 연민이 섞인 두려움이 비집고 올라왔다. 그래도 이제는 꿈의 결말이 바뀌는 건가 기대했는데 그럼 그렇지, 여전히 나는 섬에 도착하지 못하고 하늘에서 머물다 잠에서 깼다. 어디론가는 향하고 있겠지.

잠에서 깨어나 한숨을 길게 내뱉다가 가쁘게 몰아쉬던 아빠의 마지막 숨을 떠올렸다. 사는 동안 부지런히 절망할 수 있다면 괜찮겠다. 삶은 그치지 않는 절망으로 온전하다. 끝없는 절망 뒤 다시 이어질 뻔한 희망을 약속해본다.

조금의 흔들림도 없이 반복되는 시간에 올라타 그저 조용히 흐르기만 한다면 이미 죽은 것과 얼마나 차이가 있을까. 아무리 착하게 살아본들 별로 나아질 것 없는 일상들, 아무리 열심히 살아봐야 죽음을 향할 발걸음. 사는 건 그렇게도 지루하고 못난 나를 견디는 일.

가보지 않은 길이어서 아름다웠고 내 길이 아니니 불안하지 않았다. 마냥 그리기만 하던 밤들이 나쁘지 않았으니 누군가 곁에 없어도 외롭지 않다. 섬에도 내리지 못하고 허공을 맴돈다 해도 익숙한 절망으로 충분히 살겠다.

가을을 타다

결혼하여 받은 첫 월급은 2만 원이었다고 한다. 그래도 둘은 행복했다고. 성악을 전공하는 엄마는 레슨을 위해 자주 서울로 올라왔고, 서울서 대학을 다니던 아빠는 틈만 나면 부산행 기차를 탔다고 한다. 부산에 다녀온 날이면 아빠 기숙사의 친구들은 모여 앉아 데이트한 이야기를 들었고, 부산과 서울을 바쁘게 오간 이들의 결혼이야기가 나올 무렵 기숙사 친구들은 머리를 맞대고 장인의 마음에 들기 위한 계획을 치밀하게 세웠다.

같이 사는 동안 좋은 일만 있었겠는가. 외갓집

에서 마련해 준 신혼집을 날리기도 하고 엄마, 아빠 두 분 다 암으로 고생도 했다. 이모가 할머니가, 큰아버지와 고모부가 떠나는 동안도 함께했다. 이래저래 힘든 가운데도 성실하게 잘 키워준 부모님 덕에 동생과 나는 잘 자랐고 엄마는 다행히 잘 지내고 계신다. 아빠가 2번째 암으로 돌아가신 지도 벌써 6년이 지났다.

아빠의 오랜 친구분 덕분에 나의 기원에 관한 설화로부터 시작하여 일하다가 힘들었던 이야기, 아빠보다 먼저 떠난 지인들의 이야기, 내가 아기일 때 이야기 등 지금의 나보다 어리고 젊은 엄마와 아빠에 대해 들어볼 수 있었다. 몹쓸 전염병 탓에 아빠의 기일보다 몇 달이나 늦게 아빠의 친구 내외분과 어렵게 식사를 했다. 서로가 연애하던 시절부터 잘 알던 두 부부의 이야기는 끝이 날 줄 모른다. 엄마와 아빠는 그저 처음부터 부모였을 것 같은데 한 남자와 여자가 만났다는 당연한 사실이 새삼스럽다. 재미있기도 하고 까닭 모를 미안함도 밀려온다. 오랜만에 신이 나서 이야기를 풀어놓는 엄마와 시간이 참 빠르다는 어른들의 절절한 사연들을 듣고 있자니 흐뭇하기도 서글프기도 했다. 이야기가 즐거울수록 떠난 자의 자리는 더 커지고 확실해진다. 제법 긴 식사시간을 마치고 식당에서 나왔다. 날이 좋으니 산

책이나 좀 하다 가시겠다며 두 분은 자리를 뜬다. 월요일 오후의 한가한 거리는 바람이 좋기도 하다.

바람은 어딘가에서 쏟아진 마음이라던 한 시인의 말이 떠오른다. 숨죽여 들어보면 아빠의 마음이 속닥이고 있을지도 모르겠다. 때마저 가을이니 슬퍼질 만도 하건만 바람이 좋아서인지 가을을 입기 시작한 잎이 예뻐서인지 그런 마음이 들지는 않았다. 하긴 모두가 가을을 핑계 삼아 슬퍼하면 가을은 언제 슬퍼하겠는가. 가을에 기대 단풍인 양 붉어졌다가 나는 감히 그렇게 아름답게 물들고 있는가 잠시 생각한다. 가을이 나를 탓하며 슬퍼할 수 있을 만큼 우아한 얼룩을 만들어 낼 수 있는가를.

잎이 붉다는 건 한없이 푸르던 마음이 멍들고 피가 맺혀도 잘 견뎌냈다는 훈장. 잎이 바스락거린다는 건 지난 계절들의 아픔을 용케 살아냈다는 증거. 저들만큼의 시간을 살아내면 나는 어떤 색이 되어 있을까. 나는 그때 누구와 바스락바스락 이야기할 수 있을까. 쏟아진 내 마음은 또 어디쯤 가고 있을까. 오래오래 생각하라고 가을이 있나 보다. 고즈넉한 삼청동 길을 걷는 동안 내내 마음이 출렁이는 걸 보니 역시 가을은 '탄다'는 동사가 가장 어울리는 것 같다.

잘 알지도 못하면서

분홍보다는 파랑, 밥보다는 빵, 삶보다는 죽음이 나를 더 사로잡는다. 파랑, 노랑 빨강과 더불어 다른 색을 혼합해서 만들 수 없는 삼원색 중 하나. 괜스레 고집스럽고 특별하다는 느낌을 갖게 한다. 바닷속 가장 깊은 곳과 하늘 가장 높은 곳의 색. 피카소의 슬픔과 마티스의 생동감을 다 보여주는 색. 김환기 작가의 점잖은 환기 블루도 산토리니 지붕 위에 내려앉은 청량한 푸른색도 상관없이 다 좋다.

분홍은 부드럽고 사랑스럽지만 파랑은 진취적이고 우아하다. 혼합하여 조색할 수는 없으면서 희망과 우울을 동시에 지닌 야누스 같은 모순이 마음에 든다.

갓 구워낸 식빵의 담백한 밀가루 맛은 씹을수록 풍미가 더해진다. 식사로 먹기 좋은 깜빠뉴라든가 조그맣고 동글동글한 모닝빵 역시 잼과 버터가 없이도 오물거리면 맛나다. 기욤 뮈소가 자신의 소설에서 자주 언급하는 밀푀유는 극강의 단맛이다. 날씬한 직사각형의 모양으로 때론 동그란 모양으로 바삭한 페스트리와 크림이 색도 화려하게 층층이 쌓여 있다. 종류에 따라 초콜릿이나 과일이 사이사이 섞이기도 하는 이미 눈으로도 흐뭇한 음식이다. 마르셀 프루스트는 『잃어버린 시간을 찾아서』란 작품 속에서 홍차에 적신 마들렌의 향을 맡고 어린 시절을 회상한다. 지나치게 달지도 않고 촉촉한 조개 모양의 그 과자는 알지 못하는 사이에 금방 입속에서 녹아버리는 매력을 지녔다. 밥은 좀 더 진중하고 든든하지만 빵은 부담스럽지 않고 명랑하게 느껴진다. 때로는 한 끼 식사로, 때로는 한 식사의 마지막을 멋지게 마무리할 디저트로 이렇게도 저렇게도 다 되는 유연함이 좋다.

죽음은 나에게 항상 관심을 끄는 얘깃거리다. 죽음이란 혹자에겐 고통인 삶으로부터의 도피일 것이고, 누군가에겐 이생에서 받지 못한 보상과 해방일 수도 있다. 물리적 존재가 사라지는 죽음을 두려워하고 회피하려 하지만, 때로는 죽음을 생각하면 존재의 의지를 수혈받기도 한다. 죽음은 끝이기도 하고 끝을 연장하게도 한다. 죽음은 삶 없이 이야기할 수 없고, 삶은 죽음에 의지하지 않을 수 없다. 죽음이 그림자처럼 붙어 다니는 삶, 삶의 이야기를 모두 기억하는 죽음은 어쩌면 다른 단어가 아니라 서로가 이음동의어 같다.

아마도 일희일비하며 매사 갈피를 못 잡고 헤매는 나에게는 두 가지 모습을 지닌 것들을 매력적이라 여기는 병이 있는 듯하다. 한편으론 겨우 내가 경험한 작은 세상 안에서 좋고 싫음을 가린 것이 얼마나 미욱한 일인가 생각한다. 세상의 수많은 푸른색 중 내가 본 파랑이 얼마나 될까 싶고, 몇 종류의 빵이나 먹어보고 떠들어댄 건가 싶기도 하다. 죽음도 마찬가지겠지.

잭슨 폴락의 그림을 보고 저 정도는 나도 그릴 수 있겠다고 말하는 5살 꼬마처럼, 이제 막 첫사랑의 감기를 앓고는 사랑에 대해 다 아는 양 떠들어대는 사춘기 소년처럼, 죽음이 어떤 건지 전혀 눈치채지 못하기 때문이겠지. 거절당할까 봐 아직 죽음에게 말을 건네지도 못하면서. 멀찍이 보이는 그림자만으로 짐작하는 거면서. 그렇게 잘 알지도 못하면서, 나는 파랑과 빵과 죽음을 좋아한다고 말한다. 가능한 근사한 파랑을 찾아보고, 소문난 빵집을 열심히 쫓아다니기도 하며 그렇게 죽음과 재밌게 살아야지. 짙은 파랑에 사로잡혔을 때 빵처럼 폭신하고 달콤하게 삶과 이별해야지.

초대

"내 장례식에 와줘서 고맙습니다."

자신의 장례식을 찾아준 손님들에게 그는 진심 어린 감사의 말을 전했다. 말기암 판정을 받은 80대의 한 남자가 자신이 입원한 병원에서 생전 장례식을 치렀다. 그는 휠체어에 앉아 자신이 초청한 조문객들과 추억을 나누고 좋아하던 노래를 같이 부르기도 하고, 헤어질 때는 일일이 포옹을 했다. 며칠 전 인터넷에서 본 기사다. 벌써 한참 전 회자되었던 것이라는데 나는 이제야 보았다. 살아 있는 자의 장례식이라는 낯선 일에 대해 취

재진이 묻자 그는 "죽은 후에 와서 울고불고 해봐야 뭐해요? 같이 얼굴 보면서 짜장면이라도 먹는 게 낫지." 하고 대답했다. 이 생전장례식의 부고장은 초청장, 조문객은 초청객이라고 불렸다.

장례식(葬禮式), 죽은 사람을 묻거나 화장하는 장사를 지내는 의식. 이름부터가 그렇다. 그러니까 죽은 자를 묻고 화장하기 위해 살아 있는 자들이 하는 일. 사실 장례식이란 살아남은 자들을 위한 것 같다. 가까운 사람을 잃고 남겨진 자들을 위로하고 고인을 생각하고 정성껏 마무리해주는 것은 당연히 중요한 일이다. 그러나 정작 죽음을 맞는 당사자에겐 어떨까. 장례식에 갈 때마다 조심스레 생각해 본 일이다. 아마도 생전 장례식을 치른 그 사람에겐 그것이 처음부터 끝까지 오롯이 자신을 위한 일로 행해지지 않았을까 싶다.

어떤 모습이든 장례식이 인생을 돌아보고 마감하는 자리라면, 주인공 없이 우리끼리 떠드는 잔치가 아니라 한 생명이 삶을 정리할 수 있는 시간이 되는 것도 나쁘지는 않을 것 같다. 나의 임종에 누가 곁에 있어 줄까 죽은 다음 누가 잊지 않고 와줄까 생각하기보다는 내가 원하는 방식대로 원하는 이들과 이별을 말할 수 있다면 괜찮은 일 아닌가.

누구도 생일이나 결혼식에 자신이 좋아하지 않는 사람을

부르지 않는다. 가장 사랑하고 기쁨을 나누고 싶은 사람들과 있고 싶다. 장례식도 마찬가지 아닐까. 참석하는 사람의 입장에서도 그 순간에 초청받았다는 건 부고를 듣고 놀란 마음으로 장례식장으로 뛰어가는 것보다 나을 것 같다. 혹시라도 사는 동안 장례식을 준비할 수 있다면 나도 보고 싶은 사람들을 불러 모아 삶의 마지막 순간을 기억하고 싶기도 하다. 생의 끝자락에 찾아와준 이들이 "고마워, 너의 장례식에 초대되어 정말 영광이야!" 하는 소리를 들을 수 있다면 더 바랄 것이 있겠는가.

생전 장례식을 치른 그 어르신의 이야기가 계속 마음을 잡아끄는 건 그토록 품위 있는 이별을 고했기 때문인 것 같다. 자신의 의지대로 모든 것을 끝맺고 떠나니 아쉽지 않고, 충분히 인사하고 갈 수 있으니 서운하지 않고. 혹시라도 마주할 두려움을 회피하지도 않고 그렇게 마지막을 이야기했기 때문이다.

어쩌면 삶이란 끝없이 사랑하는 시간이라기보다는 가끔씩은 잊을 만큼 아주 긴 이별의 과정인지도 모르겠다. 그 이별을 어떤 방법으로 견디고 어떤 의식으로 끝낼지는 자신의 몫이다. 적어도 사랑을 충분히 전해야 할 때, 오롯이 슬퍼야 할 때가 언제인지 지나치지는 않길 바란다. 덕분에 따뜻했다고 아프기도 했다고 말하며, 사랑하는 이들에게는 서두르지 않고 오래 준비된 이별을 고할 수 있다면 좋겠다. 언젠가 알 수 없는 그 순간에 섰을 때는 어느 시인의 말처럼 소풍 끝내듯 아름다울 수 있기만 바라본다.

쉬운 일(easy as life)

어쨌거나 갑작스러운 죽음은 당혹스럽다. 차라리 오랫동안 아팠다든가 어떤 조짐이 느껴졌다든가 그러면 낫지 않을까. 하지만 그것도 좀 그렇다. 그 사람이 내일 밤 교통사고로 죽게 될 거라든지, 1주일 후 금요일 3시쯤 심장마비로 생을 마감할 거라든지 그런 걸 미리 안다면 뭔가 달라질 수 있는 걸까. 마음이 각오를 하고, 저승사자처럼 한 죽음이 내 수첩에 스케줄로 적어놓을 수 있는 일이라면 좀 덜 슬플 수 있을까. 그러면 그 죽음이 한결 더 여유롭게 수긍이 될까.

생이 마감되는 그 순간은 예견할 수 있는 것이든 급작스러운 것이든 그리 달라지는 것이 없을 것 같다. 바로 내 옆에서 숨 쉬던 하나의 삶이 사라졌다는 것은 그저 슬프고, 너무 슬프고, 미칠 것 같이 슬플 뿐이다. 사랑하는 사람이라면 더더욱.

그러니까 나는 전혀 준비가 되어 있지 않았다. 작은 예고나 힌트조차 없었다. 2020년 1월 1일 아침. '카톡' 하는 알림음에 또 어디선가 온 신년 인사겠거니 싶어 바로 확인을 하지도 않았다. 친구 이름으로 온 메신저의 맨 윗줄에 떠 있는 '부고(訃告)'라는 두 글자를 봤을 때까지도 그저 새해부터 집안 어른이 돌아가셨나 보다, 친구가 힘들겠다 생각했다. 핸드폰의 화면을 밑으로 내려 고인의 이름이 친구라는 것을 확인한 순간, 세상은 별안간 조용해졌다. 그래서 나는 '쿵' 하고 내려앉는 내 심장 소리를 들었던 것 같다.

아마 그녀는 며칠 전 내가 선물한 귤 한 박스를 미처 다 먹지도 못했을 것이다. 불과 한 주일 전 우리는 집 앞에 새로 생긴 카페에서 수다를 떨며 커피를 마셨고, 서로가 지금 읽는 책을 다 읽으면 같이 이야기하자고도 했다. 다음 주에 같이 보기로 한 공연은 이미 한 달 전에 예매가 되어 있었다. 날씨가 따뜻해지면 같이 여행도 가면 좋겠노라고 했었다. 그런데 다 망했다. 망해버렸다. 그냥 망한 정도가 아니다. 한 세계가 무너져 버렸다.

그녀는 내가 아프다면 조용히 집 앞에 음식을 두고 도망가곤 했고, 빵순이인 나를 위해 서울 시내 맛있는 빵이란 빵은 다 사다 주었다. 사람과 가까워지는데 꽤나 오랜 시간이 걸리는 나에게 기꺼이 긴 시간을 들여주었고, 친해져도 예의를 저버리지 않았다. 평소엔 조용한 사람인데도 잘못된 상황에선 입바른 소리도 낼 줄 아는 정직하고 강직한 사람이었다. 동네서 차 한잔을 마셔도 항상 단정하고 예쁜 모습에 보기만 해도 늘 기분이 좋아지는 친구였다.

책, 음악, 공연을 나와 똑같이 좋아하고 음식 취향까지도 잘 맞았다. 그런데 최근 몇 년간 가장 친하다고 생각했던 그녀가, 이 사람과는 정말 평생 친구가 되면 좋겠다고 생각한 그녀가 갑자기 떠나버렸다. 깔깔대며 같이 차를 마셨던 찻집, 같이 다녔던 공연장이며 자주 마주쳤던 동네 편의점, 그리고 절대로 그리움의 대상이 될 거라고는 생각지 않았던 곳곳에 그녀가 온통 너무 촘촘하게 남아 있다. 남아 있는 그녀의 모든 기억들이 아프다. 그립고 그립다.

이집트에 전쟁 포로로 잡혀 온 누비아 공주 아이다는 공

괴롭게도 자신과 누비아인들을 끌고 온 이집트의 장군 라다메스와 사랑에 빠진다. 아이다는 자신이 진정으로 사랑하는 사람과 한 나라의 공주로서 자신의 백성들에 대한 책임 사이에서 깊은 고민을 한다. 그리고 결국 자신의 사랑의 감정은 뒤로하고 누비아인들을 자유롭게 해야겠다는 결정을 힘겹게 내린다. 그때 아이다가 부르는 노래가 '쉬운 일(easy as life)'이다. 사랑하는 사람을 저버리는 일쯤이야 인생처럼 쉬운 일이라고. 그렇다. 사는 것처럼 쉬운 일이 어디 있겠는가.

그녀와 같이 보기로 했던 뮤지컬 「아이다」를 혼자서 보러 갔다. 차마 약속한 그 날짜엔 보지 못하고 한참이 지나서야 보았다. 웬만하면 공연을 보고 울지 않는 나인데 주인공 아이다가 부르는 '쉬운 일'이라는 곡에서부터 눈물이 나기 시작했다. 별 볼 일 없는 매일을 이렇게 버티기만 한다 해도, 겨우 이 정도의 시간쯤이야 얼마나 쉬운 일인지. 죽음과 맞닿는 그 순간에 이르면 어떤 삶이 볼품없다거나 더 훌륭하다고 저울질할 수 없게 되는 것 같다. 그저 죽음 앞의 삶이란 모두 '삶'이라는 절댓값을 지닐 뿐이다. 제아무리 견디기 힘겹다 해도 삶이란 모두가 얼마나 쉬운 일인가. 어려운 죽음 앞에 선다면.

우여곡절 끝에 아이다는 백성들에게 희망의 단초를 남겨

주지만 본인은 결국 라다메스와 같이 생매장되고 만다. 알 수 없는 다음 생을 약속하며 그녀는 라다메스에게 묻는다. "그 생에서도 날 찾을 거지?" 결국, 나는 커튼콜이 끝날 때까지 옆에 앉은 사람에게 민망할 정도로 엉엉 울다 극장을 나왔다. 작품이 아니라 내가 슬펐다.

앞으로 맞이할 모든 1월 1일엔 고백하지 못한 첫사랑처럼 나는 그녀를 떠올릴 것이다. 이렇게도 쉬운 삶을 그렇게도 서둘러 가버린 그녀를. 방법이 기대와 좀 다르긴 하지만 어쩌면 그녀도 내게 평생 잊을 수 없는 친구가 되고 싶었는지도 모른다고 혼자 위로해 본다. 같이 가던 곳을 혼자 가야 하고, 함께 즐기던 것을 혼자 웃고 말아야 하지만. 맛나다고 맞장구쳐 줄 사람 없이 음식을 먹는 일도 종종 있을 거고, 책을 서로 빌려보는 일도 이젠 할 수 없지만 이쯤이야, 살아 있는 나에겐 참 쉬운 일이다.

겨울의 약속 (환절기·4)

첫눈이다, 아니다, 나도 일단은 아니다 쪽에 한 표다. 분명 흰 가루가 살짝 날리는 걸 보기는 했다. 하지만 눈송이도 너무 작고 누구나 볼만큼 긴 시간 내린 것도 아닌 데다, 바닥에 쌓이지도 않았다. 그러니 제대로 된 첫눈은 아직 아니다. 첫눈을 핑계로 반갑게 만날 사람이 있다거나 스키, 스케이트 같은 겨울스포츠를 즐기는 것도 아니다. 본격적인 겨울이 온다고 해서 딱히 좋을 일 하나 없는데 첫눈은 늘 까닭도 없이 기다려진다. 아마 한 번도 약속을 저버리지 않고 꼬박꼬

박 우리를 찾아오는 성실함 때문에, 바람맞을 일 같은 건 없으리란 걸 잘 알기에 마음놓고 기다리게 되는 존재인지도 모르겠다.

나는 겨울을 좋아한다. 11월 말에서 12월이 시작되는 시기, 가을이 끝나고 겨울로 들어서는 그때가 좋다. 넘치도록 색을 끌어안았던 단풍이 수수해지고, 갈색이 짙어져 검정에 가까운 나목이 나오는 그때가 이상하게도 좋다.

잎사귀가 없어져 가지를 드러낸 나무는 잘 지어진 건물의 단단한 골조를 보는 것 같아 5월의 신록보다 믿음직하다. 저렇게 다부진 몸이기에 그 많은 잎사귀들을 거느리고 있었구나 싶다. 시야가 더 또렷해지고, 찬 기운을 한껏 머금은 이맘때의 하늘은 열대야 앓는 여름날의 그것보다 명징(明澄)하다. 짙어진 겨울나무의 색은 지나간 계절의 모든 기억을 품고 있는 듯하다. 그저 오래되어 어두워진 것이 아니라 봄, 여름, 가을의 수많은 사연이 모두 합해져 만들어진 검정이기에 알록달록한 가을의 색보다 기품이 있다.

겨울은 얼어붙는 계절이 아니라 준비하는 계절이다. 동물들은 움직임을 위해 잠을 청하고 식물들은 다시 피어나기 위해 쉬어가는 때이다. 새로운 일을 계획하고 긴 미래를 내다보는 시간이다.

겨울이 좋은 것은 불꽃처럼 폭발하는 순간보다 변치 않을 영원에 대해 알고 있는 것 같아서다. 모두의 이야기들을 노래로 만들어 추위와 어둠을 묵묵히 견뎌내는 계절이라 생각되기 때문이다. 우리도 그 계절을 조용히 따라만 가면 어느새 따뜻한 바람도 찾아오겠지. 삶도 사랑도 그럴 수만 있다면 얼마나 좋을까. 그저 버티는 것만으로 닿을 수 있다면.

오기 힘든 것들을 대신해 내리는 첫눈의 우직함으로 삶은 우리에게 의리를 지켜낸다. 어쩌면 그저 기다리기만 하면 되는 일도 세상에 있다고 알려주는 계절의 약속. 그런 계절의 차가움은 달궈진 서러움마저 바람에 식혀주고 간다. 참은 눈물 떨구듯 겨울이 눈을 내리면 세상은 잘못하나 없는 하얀 동화 속 세상이 되고 겨울은 또 우리에게 희망을 떠넘긴다.

시시한 기억에 대하여

입춘도 경칩도 지났는데 바이러스 탓에 꼼짝없이 가택연금이다. 베란다 창문으로나 밖을 내다본다. 아무리 집순이인 나지만 내가 내 의지로 나가지 않는 것과 나갈 수 없어 못 나가는 건 완전 다른 얘기다. 집 앞의 벚꽃이 활짝 필 때까지 조금만 더 참아보자 싶다, 더 힘든 상황을 견디고 있는 사람들도 많을 테니.

벌써 10년도 더 되었을 그 봄에 정말로 꿈처럼 활짝 피었던 벚꽃이 있었다. 막내 이모의 유골을 모시러 가는 길 내내 그야말로 흐드러지게 벚꽃이 피어 있었다. 그렇게 긴 구간 그렇게 많은 벚꽃 잎이 눈처럼 날리는 모습은 정말이지 근사했다. 그리고 그때 꽃이 아름답다는 생각을 떠올린 것이 막내 이모에게 몹시 미안했다. 그 장면은 아름다운 풍경에 대한 좋은 기억인지 막내 이모에 대한 슬픈 기억인지 결론짓지 못하겠다.

초등학교 개학이 또 연장되었다. 외출을 거의 하지 못하니 아이와 하루 종일 붙어 있다. 괜한 노파심에 바깥 음식을 사 먹는 것도 안 하게 되니 하루 세끼를 꼬박 챙겨야 한다. 말 그대로 사랑하는 딸아이와 24시간이다. 아 행복하다. 너무 행복해서 행복사(幸福死)할 지경이다. 아침을 먹고 딸은 인터넷으로 받은 학교 숙제를 얼렁뚱땅 해치운다. 비슷한 처지인 딸아이와 친구들은 사이버상에서 만나 좀비와의 사투를 벌인다. 좀비들을 물리치느라 질러대는 소리가 꽤나 시끄럽다.

나는 핸드폰을 뒤적이다 기다리던 공연이 무대에 오른다는 소식을 접하고는 얼른 친구에게 알려주려 카톡 창을 연다. 아차, 그녀가 다시 올 수 없는 곳으로 떠났다는 사실을 자꾸 잊는다. 핸드폰에 남겨진 그녀와의 시답잖은 농담에 킥킥대다가, 다시는 이럴 수 없단 생각에 울컥했다가 갈피를 못 잡겠다.

한 시간 가까이 싸움을 하고 팀플레이에서 1등을 한 딸은 의기양양하게 방에서 나온다. 딸아이와 친구들이 전투를 벌이는 동안 삶아놓은 고구마를 내온다. 딸이 좋아하는 배우가 나오는 영화를 보며 사과도 먹는다. 그리고는 또 점심. 식사 후 딸은 스케치북을 꺼내 그림을 그리기 시작한다. 책상 한가득 각종 색연필을 꺼내놓고는 신이 났다.

겨울 신발을 정리하려 신발장을 연다. 맨 오른쪽 칸 위에 인형신발처럼 작은 하얀색 피겨 스케이트가 놓여 있다. 이미 작아져 신을 수 없는데도 버리지 못하게 하는 딸의 스케이트 안쪽엔 외할아버지가 써 놓은 손녀의 이름이 남아 있다. 손글씨가 예뻤던 아빠를 다시는 볼 수 없다는 사실에 새삼스레 절망했다가, 그 작은 스케이트를 신고 놀던 어린 딸아이의 모습이 생각나 웃음이 새나온다.

딸은 완성된 그림이 썩 맘에 들지 않는지 툴툴대다 각종 보드게임을 쌓아 들고는 내 서재의 문을 연다. 아 시간이 왔다. 4가지 정도의 보드게임을 치열하게 해치우고 저녁을 먹는다. 딸은 이제 키우는 기니피그와 놀기 시작한다. 왔다 갔다 틈틈이 관심을 주었지만 이젠 본격적으로 놀고 있다. 다 놀고 나서는 약속한 만큼 악기연습과 독서를 하자는 내 말에 딸아이는 자꾸 시간을 줄이는 협상을 시도한다. 협상은 무참히 결렬되고 딸은 마지못해 약속을 지킨다. 이번에는 좀 있다 씻겠다고, 더 있다 자겠다고, 버티다 11시에나 침대에 눕는다. 그리고는 또 끝없이 이어지는 수다, 결국 12시가 다 되어서야 딸의 일과는 끝이 나고 나는 내 시간을 얻는다. 새로울 것 하나 없는 하루가 또 갔다.

어제도 비슷했고 내일도 크게 다르지는 않을 것이다. 학교와 사회가 제자리를 찾은 후에도 나에게는 그리 큰 변화가 생기지 않을 것이다. 하지만 이렇게 별일 없이 보낸 하루가 언젠가는 소중한 기억이 될 것을 안다. 이제 와 남아 있는 나의 예쁘고 반짝이는 기억들은 특별한 날의 특별한 일이 아니라 그저 다시 돌아갈 수 없는 보통의 날들 안에 있었기 때문이다.

기억은 색이 변하고 녹이 슬기 마련이다. 그러나 고작 그런 기억들이 우리를 살아내게 한다. 그만큼의 추억으로 우리는 삶을 버텨 낸다. 우리의 시시한 기억들이 시간의 품속에서 잘 익어 동그란 추억이 되면, 언젠가 바람까지 불어 쓸쓸할 그 밤엔 그것들이 달처럼 말갛게 떠오를지도 모르겠다. 마침내 남겨진 하나의 이야기가 되어 제법 따뜻하게 우리를 비춰 줄지도 모르겠다.

외로움과 그리움을 희망으로 승화

- 삶과 죽음의 담론

오경자
(국제PEN한국본부 부이사장·평론가)

수필은 자신의 체험을 바탕으로 해서 쓰는 글이다. 일상적인 생활 속에서 스쳐 지나가는 일 중에 자신의 가치관과 절묘하게 맞아떨어지는 일이나 아니면 반대로 전혀 맞지 않는 일이나 상념이 맞부딪치며 소리를 낼 때 그것이 글감이 되는 것이다. 그 글감에 작가의 인생관에 의한 관조를 통해 주제를 형상화할 때 누구에게는 공감이 가고 누구에게는 시들할 수도 있는 것이 수필이 아닌가 한다.

상념을 풀어내는 작가도 있고 주로 이야기를 중심으로 글을 엮어가는 작가도 있다. 어떤 글이 꼭 좋은 수필이라고 말하기는 매우 어려운 일인 것이 그 글마다 작가가 어떻게 주제를 잘 형상화 시켰느냐에 따라 글의 성패가 달려 있기 때문이다.

외로움과 그리움을 환상적으로 한데 버무리는 수필

수필가 전명주는 상념을 이야기로 풀어가는 작가이다. 그의 수필은 인간의 내면 깊숙한 곳에 있는 고독이라는 대명제를 바탕에 깔고 있다 해도 과언이 아니다. 그러나 그의 고독은 외로움이라는 서사로 글 속의 상황들과 어울리면서 절묘하게 희석되고 '그런 거잖아? 그런 거야, 괜찮아' 하는 식의 희망을 노래하는 것으로 수필을 빚는 희한한 재주를 지니고 있는 작가라 할 수 있다.

> 그녀는 괜찮냐고 물었고 나는 괜찮다고 했다. (중략)
>
> 어쩌다 한 사람쯤은 내가 괜찮지 않기를 바라면 좋겠다. 혹시나 누구라도 한 명쯤은 내가 내내 슬프기를 바랐으면. 내가 힘들고 잠을 설치며 괜찮지 않기를 바라 줄 이가 있다면. 그러니까 정말 아주 만약에 그런 사람이 있다면 둘이나 셋도 아니고 딱 한 사람만. 도무지 알 수 없는 누구라도
>
> 「적당히 쓸쓸한」 중에서

그야말로 역설의 미학이라 아니할 수 없다.

인간애 넘치는 심성

자신의 마음이 늘 추우면서도 그의 가슴에 펄펄 끓는 용광로가 들어앉아 있다. 이웃 사랑이라는 이 화로는 그를 지탱하게 하고 그의 알 수 없는 고독을 승화시켜서 역설적 희망을 노래하게 만드는 원동력이다. 그의 그런 과정에 소

환되는 도구는 빵과 커피다.

거리의 노숙자가 겹겹이 옷을 껴입고 지나가는 것을 보면서 그 화로는 끓는다.

"엄마 저 사람들은 왜 항상 저렇게 옷을 잔뜩 껴입고 다닐까? 이 날씨에"

"그거야 마음이 추우니까."

그 짧은 대답이 나의 마음을 툭 건드렸다. 마치 그게 정답이기라도 한 양, 사연도 모를 그 사람에게 괜히 미안한 마음이 들었다. 도대체 얼마나 마음이 춥길래 저렇게 껴입었을까. 무엇이 저 사람을 저렇게도 춥게 만들었을까. (중략)

거센 바람이 아니라 내리쬐는 태양이 나그네의 코트를 벗게 한 것처럼 그저 누군가의 외투 한 장을 받아 들어 줄 수 있을 만큼의 내가 된다면 좋겠다. 그렇게 하나하나 입었던 외투들을 벗고 마침내 티셔츠 한 장 만으로 이 좋은 날씨를 즐길 수 있다면 모두가 조금 더 가벼운 옷차림으로 더 따뜻하게 살아갈 수 있다면 좋으련만.

문득 나에게 조용히 물어본다. 나는 누군가의 외투 하나쯤 받아줄 자신은 있는 거냐고. 자꾸 옷을 껴입지 않을 자신은 진짜 있는 거냐고. 「외투 하나만큼만」 중에서

대개 이웃 사랑을 직접 나누거나 물질을 나누는 것으로 표현하는 경우는 많지만 이렇게 깊숙한 상념을 통해 인간애를 뿜어 올리기는 쉽지 않은 일이다.

역설의 미학

뜨거운 여름날 모든 것이 익어가는 이 계절에 나는 무엇을 익힐 것인가를 반추하면서 마음속 아픔을 노래하는 작가의 서사는 역설 그 자체이다.

뜨거움은 점점 깊어져 체념만큼의 우물을 고이게 하니 어쩌면 여름은 가장 서늘한 계절. 잎이 울창할수록 숲은 캄캄해지니 차라리 여름은 가장 어두운 계절. 이제 와 내가 영글게 할 수 있는 것은 희망을 지닌 이름들. 낮고 깊은 곳에 남아 있는 이름들을 길어 올린다. 절망이 홍수처럼 떠밀려 와도 여전히 남아 있을 아침을 맞게 하는 이름들로 이 여름을 바란다. 오늘이 첫날인 듯, 오늘이 마지막 날인 듯.

혹시 당신이 나처럼 서러운 계절을 지내고 있다면, 지금이라도 장마처럼 울어버리길, 잘 익은 수박의 속처럼 쨍한 빨간색으로 당신의 여름을 익혀가길. 바닥까지 토로하여 허한 마음에 휘청이면 잘 익은 수박 한쪽은 내가 같이 먹어 주겠다. 조용히 당신을 들어 주겠다. 오래 당신을 들어 주겠다. 서늘하고 어두운 곳, 낮고 깊은 그곳에 가만히 있어 주겠다.

「당신의 여름이 익어갈 때」 중에서

비유와 진솔한 표현

하찮은 일상에 산다는 것이라는, 삶이라는 거대 담론을 담는 솜씨는 놀라우며 그것은 진솔한 표현에서 빛을 발한다. 비 오는 날의 단상을 통해 작가는 사람이 산다는 것이 바로 이런 것 아니겠냐며 비유적 방법으로 아주 담담하게 삶이라는 거대 담론을 스스럼없이 담아내고 있다.

지하철 역사에서 힘겹게 나오니 비가 내리고 있다. 잠시 동안 우산을 살까 말까를 생사라도 걸린 일처럼 심각하게 고민하다 그냥 말기로 한다. 눈, 비 맞아 본 게 어디 한두 번인가, 한두 번 맞아봐야 흠뻑 젖기밖에 더하나. 더해봤자 한 이틀 감기나 좀 앓다가 말겠지. 소나기를 만날 때마다 사 모은 우산이 지금도 신장 가득이다. 갑작스런 비는 집에 우산이 아무리 많아 봐야 소용이 없는데.

미리 알 수도 있지만 모를 수도 있는 것 알아도 대책이 없고 몰라도 운 좋게 피하기도 하는 것 때론 일기예보를 듣고 준비한 우산을 빗속에서 여유롭게 펴는 것, 얕보았다 눈길에서 차가 멈춰 버리는 것, 폭우를 맞으며 같이 뛰어갈 친구가 있다면 장대비도 상관없는 것, 멀쩡히 가져온 우산을 짝사랑하는 여학생에게 줘 버리고 추적추적 비를 맞아도 행복한 것,

(중략)

비와 눈 사이를 지나는 동안 까닭 없이 세상이 만만해졌다. 고작 비닐우산 하나 값을 아낀 내가 기특하다.

「진눈깨비」 중에서

변화무쌍한 천기라는 자연 현상을 불러들여 갑자기 비를 만난 상황에서 천연덕스럽게 삶을 비유하고 슬픔을 승화시키고 있다.

온통 세상을 사랑의 눈으로 보는 작가

전명주는 마음 가득 사랑을 안고 있다. 내 마음이 사랑이니 모든 사람들의 행동이 사랑으로 보이고 읽힌다. 갑자기 추워진 가을 날씨에 몸을 움츠리고 들어선 커피숍에서 그는 살 만한 세상의 사랑을 만난다.

> "날씨가 갑자기 너무 추워졌죠? 저도 아침에 출근하는데 너무 춥더라고요. 커피 나오는 동안 이걸로 손이라도 데우세요." 커피숍으로 들어오는 모양새가 그 직원이 보기에도 꽤나 추워 보였을까, 예상치 못한 배려에 오히려 당황하여 "고맙습니다." 하는 형식적인 인사만 하고는 내민 컵을 두 손으로 감싼다. 따뜻한 온기가 뼛속까지 데워짐을 느끼고 나서야 뒤늦은 감동을 받았다. 이 상황이 드라마라면 나는 아마 성별에 상관없이 저 직원과 첫눈에 사랑에라도 빠졌을 것 같다. 조금을 더 기다려 주문한 커피와 덤으로 얻은 따뜻함 한 잔까지 받아 들고는 자리에 앉았다. 커피가 식어가도 고마운 마음이 사라지질 않는다. 「너무 뜨겁지는 않게」 중에서

세상을 보는 인간애가 사소한 일에 감동을 받아 주제를 잘 형상화 시키는 데 성공하고 있다.

진한 가족애를 상실의 승화에서 풀어내

전명주는 어이없게 사랑하는 아빠를 잃고 그 슬픔을 수선스럽지 않게 작품 구석구석에서 피처럼 토해낸다. 그 애

타는 마음을 가을을 타는 심정으로 비유해서 노래하고 있는 표현이 절창이다.

바람은 어딘가에서 쏟아진 마음이라던 한 시인의 말이 떠오른다. 숨죽여 들어보면 아빠의 마음이 속닥이고 있을지도 모르겠다. 때마저 가을이니 슬퍼질 만도 하건만 바람이 좋아서인지 가을을 앓기 시작한 잎이 예뻐서인지 그런 마음이 들지는 않았다. 하긴 모두가 가을을 핑계 삼아 슬퍼하면 가을은 언제 슬퍼하겠는가. 가을에 기댄 단풍인 양 붉어졌다가 나는 감히 그렇게 아름답게 물들고 있는가 잠시 생각한다. 가을이 나를 탓하며 슬퍼할 수 있을 만큼 우아한 얼룩을 만들어 낼 수 있는가를 (중략)

나는 그때 누구와 바스락바스락 이야기를 할 수 있을까. 쏟아진 내 마음은 또 어디쯤 가고 있을까. 오래오래 생각하라고 가을이 있나 보다. 고즈넉한 삼청동 길을 걷는 동안 내내 마음이 출렁이는 것 보니 역시 가을은 '탄다'는 동사가 가장 잘 어울리는 것 같다. 「가을을 타다」 중에서

정제된 표현이 글의 깊이를 더해 주고 있다.

죽음의 미학

죽음이라는 극한적 담론을 빵에 얹어 풀어가는 구성이 일품이다.

아마도 일희일비하며 매사 갈피를 못 잡고 헤매는 나에게는 두 가지 모습을 지닌 것들을 매력적이라 여기는 병이 있

는 듯하다. 한편으론 겨우 내가 경험한 작은 세상 안에서 좋고 싫음을 가린 것이 얼마나 미욱한 일인가 생각한다. 세상의 수많은 푸른색 중 내가 본 파랑이 얼마나 될까 싶고 몇 종류의 빵이나 먹어보고 떠들어댄 건가 싶기도 하다. 죽음도 마찬가지겠지. (중략)

거절 당할까 봐 아직 죽음에게 말을 건네지도 못하면서 멀찍이 보이는 그림자만으로 짐작하는 거면서. 그렇게 잘 알지도 못하면서. 나는 파랑과 빵과 죽음을 좋아한다고 말한다. 가능한 근사한 파랑은 찾아보고, 소문난 빵집을 열심히 쫓아다니기도 하며 그렇게 죽음과 재밌게 살아야지. 짙은 파랑에 사로잡혔을 때 빵처럼 폭신하고 달콤하게 삶과 이별해야지.

「잘 알지도 못하면서」 중에서

아직 늙지도 않은 작가가 죽음을 이렇게 스스럼없이 노래한다는 것은 그야말로 죽음의 미학이라고 할 수밖에 없다. 전명주는 초대라는 작품에서 살아서 자신의 장례식을 치르는 사람의 이야기를 통해 삶과 죽음을 담담하게 읊고 있다.

어쩌면 삶이란 끝없이 사랑하는 시간이라기보다는 가끔씩은 잊을 만큼 아주 긴 이별의 과정인지도 모르겠다.

「초대」 중에서

구성력과 담담하면서 감동적인 표현이 전명주의 글을 예지로 번득이게 한다. 그는 「시시한 기억에 대하여」라는 작품에서 이모의 죽음과 아빠의 죽음이라는 절체절명의 상처를 소환해 내서 기막힐 감정들을 담담하게 풀어간다.

그렇게 긴 구간 그렇게 많은 벚꽃 잎이 눈처럼 날리는 모습은 정말이지 근사했다. 그리고 그때 아름답다는 말을 떠올린 것이 막내 이모에게 몹시 미안했다. 그 장면은 아름다운 풍경에 대한 좋은 기억인지 막내 이모에 대한 슬픈 기억인지 결론짓지 못하겠다. (중략)

겨울 신발을 정리하려 신발장을 연다. 맨 오른쪽 장 위에 인형 신발처럼 작은 하얀색 피겨 스케이트가 놓여있다. 이미 작아져 신을 수 없는데도 버리지 못하게 하는 딸의 스케이트 안쪽엔 외할아버지가 써 놓은 손녀의 이름이 남아 있다. 손글씨가 예뻤던 아빠를 다시는 볼 수 없다는 사실에 새삼스레 절망했다가, 그 작은 스케이트를 신고 놀던 어린 딸아이의 모습이 생각나 웃음이 새나온다.

(중략)

그런 기억들이 우리를 살아내게 한다. 그만큼의 추억으로 우리는 삶을 버텨 낸다. 우리의 시시한 기억들이 시간의 품속에서 잘 익어 동그란 추억이 되면, 언젠가 바람까지 불어 쓸쓸할 그 밤엔 그것들이 달처럼 말갛게 떠오를지도 모르겠다. 마침내 남겨진 하나의 이야기가 되어 제법 따뜻하게 우리를 비춰 줄지도 모르겠다. 「시시한 기억에 대하여」 중에서

곁을 떠난 아빠에 대한 절절한 그리움을 토해내다가 딸아이의 유년을 떠올리며 자신도 모르게 웃음이 배어 나오는

묘사는 솔직 그 자체이다.

전명주의 수필은 주제, 글감, 구성, 표현 등의 면에서 수필의 요체를 잘 갖추고 있다. 일상을 풀어가되 멋진 영화 한 장면을 대하는 것 같은 산뜻한 분위기로 독자를 끌어들인다. 그의 표현은 꾸미지 않았으나 서정적이고 구성은 눈에 띄지 않지만, 매우 치밀하다. 비유와 예화는 없는 듯하면서 날카롭게 작품을 매만진다.

삶이라는 주제를 다룬 그의 수필은 죽음의 미학을 한껏 구사하고 있다. 그의 저변은 외로움과 그리움으로 점철되어 있는 것 같아 보이지만 전명주는 따뜻한 사랑의 수필을 쓰고 있다. 그는 역설의 대가라 해도 과언이 아니다.

음악을 듣고 다양한 공연장을 찾으며 슬픔도, 아픔도, 그리움도, 외로움도 아니 삶과 죽음이라는 명제도 그 감상들에 잘 녹여 넣는 전명주라는 수필가, 그는 독자에게 무한한 생명의 환희를 솔직과 진솔로 전하는 작가이다. 그의 첫 수필집 『적당히 쓸쓸한』은 메마른 코로나 팬데믹 끝자락에 선 우리들에게 큰 울림으로 다가올 것이다.

| 에필로그 |

장조보단 단조가 맘에 든다. 얼굴보다 뒷모습이, 만남보다 그리움이, 태양보다 달빛이 좋다. 잊혀진 것들을 들춰보는 것, 숨겨진 것들을 찾아내는 것, 비스듬한 틈새로 세상을 보는 것으로 절망은 지연된다. 타인에게 눈을 돌리기엔 속이 좁고, 세상 돌아가는 일에 훈수 둘 깜냥도 못 된다. 그저 내가 얼마만큼 나일 수 있는가가 늘 숙제다. 연어는 가르쳐주지 않아도 강물을 거슬러 오른다. 매미는 한 달을 울자고 7년을 참아낸다. 나는 고작 조용히 써 본다. 다 살아남으려 하는 일이다.

나에게 글은 한숨이고 울음이다. 풀어놓고 넘치게 하면 그저 숨이 쉬어진다. 울만큼 울면 멈춰진다. 때늦은 칭얼거림을 들여다봐 주시고 다독여 주신 분들께 감사드리지 않을 수 없다. 격려해 주시고 함께 해 주신 문우 선생님들과 언제나 진심 어린 가르침을 주시는 오경자 선생님께 깊은 인사를 올리고 싶다. 책이 나오기까지 세심히 읽고 조언 해주신 「교음사」에도 감사드린다. 무엇보다 사랑하는 가족들에게 고마움을 전한다.

2022. 8. **전명주**

적당히 쓸쓸한

2022년 8월 20일 초판 인쇄
2022년 8월 25일 초판 발행

지은이 / 전명주

발행인 / 강병욱
발행처 / 도서출판 교음사

03147 서울 종로구 삼일대로 457 수운회관 1308호
Tel (02) 737-7081, 739-7879(Fax)
e-mail : gyoeum@daum.net
등록 / 제2007-000052호

* 잘못된 책은 바꿔 드립니다. 값 12,000원

ISBN 978-89-7814-872-6 03810

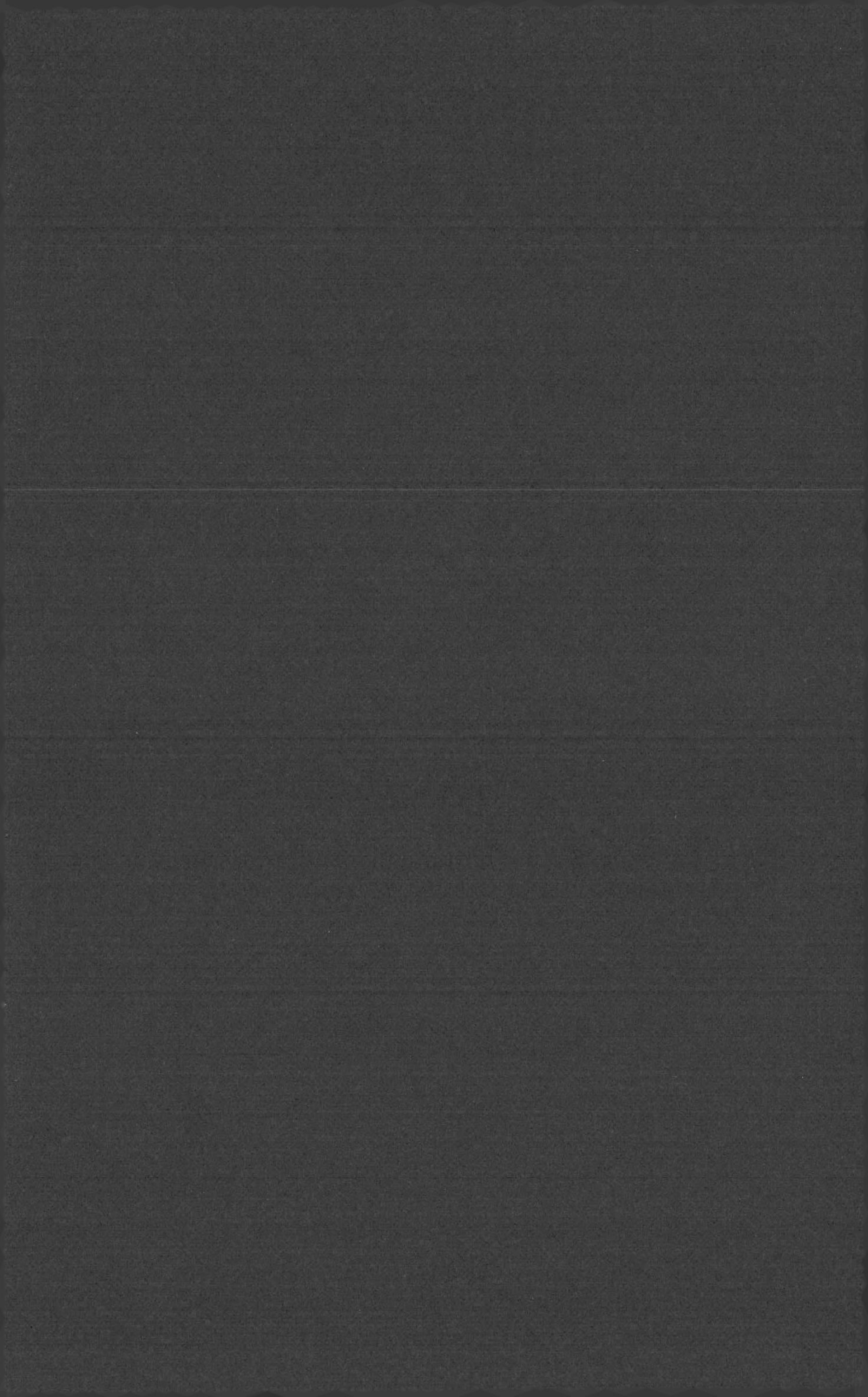